JOÃO LUIZ SIMÕES NEVES

# PENSANDO CLARAMENTE

## UMA VISÃO DA BONDADE

EDITORA Labrador

O Homem e suas Razões

Copyright © 2023 de João Luiz Simões Neves
Todos os direitos desta edição reservados à Editora Labrador.

*Coordenação editorial*
Pamela Oliveira

*Revisão*
Marília Courbassier Paris

*Projeto gráfico, diagramação e capa*
Amanda Chagas

*Preparação de texto*
Hebe Ester Lucas
Iracy Borges

*Assistência editorial*
Leticia Oliveira

*Imagens de miolo*
Hulda Melo

Dados Internacionais de Catalogação na Publicação (CIP)
Jéssica de Oliveira Molinari - CRB-8/9852

---

Neves, João Luiz Simões
  Pensando claramente : uma visão da bondade / João Luiz Simões Neves. -- São Paulo : Labrador, 2023.
  144 p.

Bibliografia
ISBN 978-65-5625-312-1

1. Autoajuda 2. Desenvolvimento pessoal 3. Comportamento 4. Tomada de decisões I. Título

23-0860     CDD 158.1

---

Índice para catálogo sistemático:
1. Autoajuda

EDITORA
**Labrador**

**Editora Labrador**
Diretor editorial: Daniel Pinsky
Rua Dr. José Elias, 520 — Alto da Lapa
05083-030 — São Paulo/SP
+55 (11) 3641-7446
contato@editoralabrador.com.br
www.editoralabrador.com.br
facebook.com/editoralabrador
instagram.com/editoralabrador

A reprodução de qualquer parte desta obra é ilegal e configura uma apropriação indevida dos direitos intelectuais e patrimoniais do autor. A editora não é responsável pelo conteúdo deste livro.
O autor conhece os fatos narrados, pelos quais é responsável, assim como se responsabiliza pelos juízos emitidos.

*"Fracassei em tudo o que tentei na vida.
Tentei alfabetizar as crianças brasileiras, não consegui.
Tentei salvar os índios, não consegui. Tentei fazer uma
universidade séria e fracassei. Tentei fazer o Brasil
desenvolver-se autonomamente e fracassei.
Mas os fracassos são minhas vitórias. Eu detestaria
estar no lugar de quem me venceu."*

*Darcy Ribeiro*
*Antropólogo*

*Esta é uma das melhores e mais profundas
citações que tive o privilégio de ler na minha vida.
Tão complexa a ponto de simplificar tudo.*

*O autor*

# Agradecimentos

À minha querida esposa, Yessie Maraboli, e ao meu querido filho, Felipe Maraboli Neves, meu agradecimento por tudo que sempre fizeram com amor e carinho para ajudar na minha jornada.

A Antonio Roberto Alvarenga, Paulo Roberto Chakour, Luis Felipe S. D. de Oliveira, Raissa Cunha D. Oliveira e Ana Marchese, pela cumplicidade em todo o nosso tempo de relacionamento profissional, de cujas conversas e aprendizagens conjuntas eu extraí muitas das ideias que compõem este livro.

Amigo é aquele que ajuda na sua restrição.

# Sumário

Prefácio — 9

CAPÍTULO 1 — Primeiros passos: o essencial é a confiança — 13

CAPÍTULO 2 — Não sejamos a nossa própria restrição — 17

CAPÍTULO 3 — Portanto, vamos superar nossos limites — 24

CAPÍTULO 4 — Temos de aprender a tratar as dualidades — 28

CAPÍTULO 5 — As dualidades sob o ponto de vista de preservação do capital — 37

CAPÍTULO 6 — Escolher o modelo mental é nossa opção — 42

CAPÍTULO 7 — O método científico: a harmonia está em todo lugar — 47

CAPÍTULO 8 — Nossa mente voltada às inovações e à quebra de paradigmas — 54

CAPÍTULO 9 — O gênio inventivo — 58

CAPÍTULO 10 — Criatividade — 63

CAPÍTULO 11 — Antifragilidade — 66

CAPÍTULO 12 — Fluxo, tempo e o fluxo do tempo — 74

CAPÍTULO 13 — O lado da emoção — 77

CAPÍTULO 14 — Autoconhecimento, inteligência emocional e diversidade — 80

CAPÍTULO 15 — Os papéis de nossas vidas — 90

CAPÍTULO 16 — Os limites do nosso livre-arbítrio — 92

CAPÍTULO 17 — Uma decisão disruptiva — 97

CAPÍTULO 18 — Por que seres humanos sensatos criam mundos insensatos? —— 100

CAPÍTULO 19 — A visão tripartite —— 109

CAPÍTULO 20 — Um caso específico de uma visão tripartite: contradições —— 113

CAPÍTULO 21 — As armadilhas da comunicação —— 120

CAPÍTULO 22 — Cuidado com as falácias! —— 123

CAPÍTULO 23 — Como medir nosso progresso —— 126

CAPÍTULO 24 — Propósito e significado —— 129

CAPÍTULO 25 — Propósito: duas histórias —— 133

CAPÍTULO 26 — Entropia —— 137

Considerações finais —— 139

Bibliografia recomendada —— 142

# Prefácio

Não canso de me surpreender com a diversidade de pensamentos, leituras e interpretações das situações que envolvem nossas vidas. Essa diversidade ocorre, com frequência, quando diferentes pessoas interpretam os mesmos fatos, dados ou acontecimentos; e também quando fatos semelhantes são interpretados por uma mesma pessoa, porém, em diferentes momentos de sua vida.

De uma hora para outra, algo de muito importante deixa de ser importante ou é alçado a um grau mais alto de importância em nossa biblioteca de pensamentos e emoções.

Perguntamos: existe algum critério ou linha de pensamento que nos permita qualificar e normatizar qual das diferentes possíveis interpretações e leituras da realidade e dos fatos é a mais correta? Haveria algum critério de pensamento que nos permitisse afastar das dissonâncias existentes nas relações humanas e nos levasse em direção a uma convergência de pensamento?

Na literatura técnica, consideramos que a sequência *pensamento-emoção-comportamento-ação* está encadeada, tendo o *pensamento* como origem e a *ação* como consequência final. O pensamento seria, portanto, a alavanca inicial que promove a qualidade de todo o restante, até a ação final e seus reflexos em tudo o mais, dentro do conceito *ação-reação*. Sendo assim, pensamentos de qualidade devem gerar, no final, decisões de qualidade e, portanto, ações de qualidade, embora ainda fique em aberto a questão sobre o que é ser de "qualidade", aspecto sobre o qual discorremos mais à frente neste livro.

Comportamento é escolha. Embora sujeitos a muitas influências, podemos escolher nossa reação, nossas atitudes, ou seja, nosso comportamento, se qualificarmos bem os nossos pensamentos e as nossas crenças.

De forma mais detalhada, podemos considerar que o que desejamos é obter resultados que nos aproximem dos objetivos esperados. Para isso, temos de focar nossas ações, mas antes temos de nos concentrar em nossas decisões a fim de gerar determinadas ações. E, anteriormente a isso, também é preciso cuidar da maturidade de nossas emoções, decorrente da leitura do mundo e de nossas crenças e pensamentos.

Todos esses aspectos e os mecanismos desse encadeamento de causa–efeito são explorados neste livro, permitindo que analisemos cada elo e a interação de cada elo com o restante dessa cadeia de eventos.

Um companheiro de trabalho outro dia me perguntou: "Como está a qualidade das nossas decisões? Temos como melhorar?".

Existe uma maneira de padronizar, num contexto menos "contaminado", com maior nitidez de pensamentos e emoções, as decisões que tomamos? De contextualizar e ter em mente um elenco de critérios que nos ajudem a tomar melhores decisões e a evitar que caiamos em armadilhas e geremos os resultados que esperamos, e não resultados contrários? Se sim, a cultura e a formação são pré-requisitos para isso ou esse citado elenco de critérios seria algo mais aberto, incorporado em nossas vidas pela experiência e acessível a todos?

Associado a isso, temos o conceito de livre-arbítrio, definido na filosofia como: "a possibilidade de decidir, escolher em função da própria vontade, isenta de qualquer condicionamento, motivo ou causa determinante". O conceito de livre-arbítrio está diretamente associado ao direito de escolha.

Bom, certamente temos essa capacidade. Porém, pergunto: a nossa própria vontade está livre de influências, permitindo que possamos sempre tomar a mais pura das decisões para o nosso bem e o da humanidade?

O filósofo Spinoza escreveu:

> [...] as decisões da mente são apenas desejos, os quais variam de acordo com várias disposições [...] não há na mente vontade livre ou absoluta, mas a mente é determinada a querer isto ou aquilo por uma causa que é determinada por sua vez por outra causa, e essa por outra e assim ao infinito [...] os homens se consideram

livres porque estão cônscios das suas volições e desejos, mas são ignorantes das causas pelas quais são conduzidos a querer e desejar. (SPINOZA, 1677)

Este livro é sobre mensagens, percepções e pensamentos, internos e externos, que influenciam as nossas decisões e não permitem que pensemos ou ajamos de forma lúcida e clara. E também sobre mensagens, percepções e critérios de pensamentos que podem nos levar por caminhos que nos permitem pensar claramente e que, consequentemente, possibilitarão que tenhamos condições de tomar melhores decisões e, portanto, gerar melhores ações. É também sobre como separar fatos de julgamentos.

"Melhores decisões e ações para quem?", pode o leitor argumentar. Esse ponto também será abordado no livro.

Resgato nesta obra diversos temas explorados no meu primeiro livro, *Conquistando resultados superiores*, que ofereceu uma abordagem mais técnica e metodológica, voltada para os profissionais que atuam em ambientes empresariais. Retomo desse trabalho anterior somente temas que acho bastante pertinentes e enriquecedores para os assuntos trabalhados nesta obra. Para quem já leu o livro anterior, essas partes podem ser repetitivas, mas são fundamentais como elo e encadeamento lógico no contexto proposto neste livro.

Utilizo também diversas histórias a fim de reforçar as mensagens colocadas com situações reais ou simbólicas, encontradas na literatura, poesia e na própria história, para maior discernimento, entendimento e memorização do leitor. Às vezes, conscientemente, deixo em aberto algumas questões, pois, se as fecho de forma definitiva, posso conduzir o leitor a encerrar o seu próprio raciocínio com base no que estou propondo. Deixando alguns pontos em aberto, permito ao leitor expandir o seu próprio entendimento e imaginação.

Por enquanto, reforço com vocês as preciosas linhas de Darcy Ribeiro inseridas na abertura. Sugiro que as leiam mais uma vez, antes de continuarem. Vou voltar a explorar o seu significado, no capítulo final, dentro do meu humilde ponto de vista.

Como explicarei ainda detalhadamente mais à frente, na verdade, acredito que tudo se resume a isto: SIGNIFICADO, ou, ainda, PROPÓSITO.

E, de forma mais ampla, dentro da tríade PROPÓSITO, CONHECIMENTO e BONDADE, cujas abordagem e explicações constam do capítulo final.

Vamos começar mais esta jornada, esperando que seja útil para todos.

Afinal de contas, a vida é feita de jornadas e não de destinos.

*João Luiz Simões Neves*

CAPÍTULO 1

# Primeiros passos: o essencial é a confiança

Sawubona — Eu vejo você — Yebo Sawubona — Eu vejo você também — Os quadrantes da confiança — Posso confiar nesta pessoa?

Vamos iniciar com um capítulo específico sobre *respeito* e *confiança*, os pilares fundamentais que são os pontos de partida para explorarmos os temas aqui propostos: aumentar a qualidade dos nossos pensamentos e, consequentemente, de nossas decisões e ações, com o desenvolvimento de uma atitude natural e incondicional ao respeito e à confiança, seja de nós para nós mesmos, seja de nós para com os outros.

Para isso, vamos iniciar explorando uma história contada por Peter Senge em seu livro *A quinta disciplina*.

No referido livro, Senge conta que em algumas tribos na África do Sul, na terra da etnia zulu, a saudação inicial entre as pessoas é "Sawubona", ou seja, "Eu vejo você". Nesse contexto, as pessoas geralmente respondem "Yebo Sawubona", ou seja, "Eu vejo você também".

Eu reconheço você, a minha atenção está em você. Essa história demonstra uma forma bastante relevante de darmos visibilidade e demonstrarmos respeito e aceitação a outras pessoas, integrando-as em nossas conversas, em nossa vida e em nossos grupos.

Respeito e aceitação são as premissas iniciais para dar eco a nossas atitudes, para que essas possam florescer e retornar os efeitos e consequências que desejamos.

No fim das contas, são as pessoas que fazem a diferença, e temos de enxergar nelas algo significativo, respeitoso e até mesmo sagrado.

Além da demonstração de respeito, nossas atitudes precisam vir embasadas por demonstrações e atitudes sinceras de confiança e de credibilidade.

Um estudo da Harvard Business School, conduzido pelos psicólogos Amy Cuddy, Susan Fiske e Peter Glick, indica que as pessoas, quando se conhecem, fazem em segundos estas duas perguntas:

- Posso confiar nesta pessoa?
- Devo respeitar esta pessoa?

Além disso, imaginando um ambiente profissional, por exemplo, embora a competência seja a variável declaradamente mais importante — o que pode ser atestado pelos fatos e pelo currículo da pessoa —, ela é considerada apenas após a confiança ter sido estabelecida.

Cuddy relata que "dentro de uma perspectiva evolucionária, é mais importante para a nossa sobrevivência saber se uma pessoa merece a nossa confiança". De fato, para os homens da caverna, era mais importante saber se alguém iria prejudicá-los do que se aquela pessoa era competente para acender uma fogueira.

A confiança é a base para todo relacionamento (pessoal, familiar, profissional, social) e é construída e desenvolvida por um processo de reforços e intervenções sucessivas, em que normalmente as percepções negativas dessas intervenções ocasionam consequências bem mais poderosas que as percepções positivas para efeito da construção e solidificação do nível de confiança entre pessoas.

Sem confiança não há relacionamentos sustentáveis. Confiança é "a cola que gruda os relacionamentos", conforme escreveu James C. Hunter em seu livro *O monge e o executivo*.

O caminho é atuarmos e darmos visibilidade à coerência em nossas falas, discursos e ações. A Figura 1 apresenta uma forma bastante didática de abordar o fortalecimento do nível de confiança entre as pessoas, com cada quadrante sendo explicado na sequência.

|  |  |
|---|---|
| **Competência**<br>Você é capaz de fazer o que promete. | **Comunicação clara**<br>Você "diz" o que quer dizer. |
| **Compromisso**<br>Você de fato faz o que diz que vai fazer. | **Consideração**<br>Você leva o interesse dos outros em conta. |

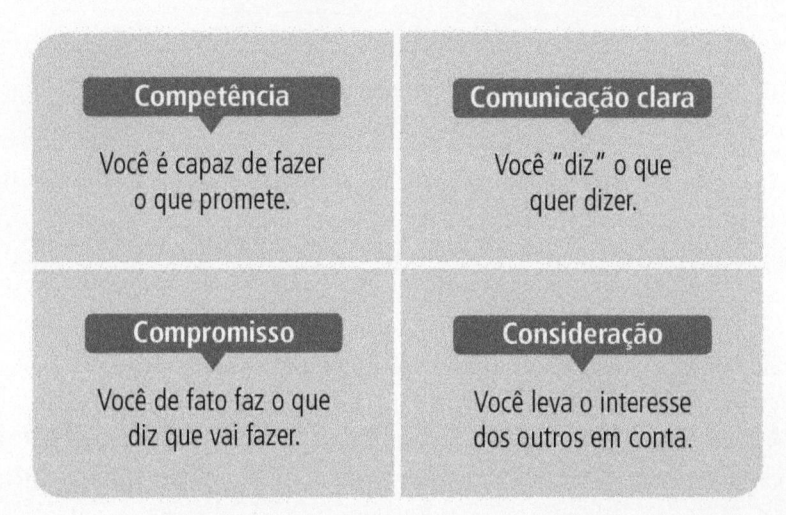

**Figura 1** — Os quadrantes da confiança.

## Competência – Você é capaz de fazer o que promete.

O receio de se mostrar incapaz de cumprir determinada atividade pode ter como origem a exposição diante de colegas ou de chefes autoritários e punitivos. Assumir com consciência essas situações, a cada micro-ocasião em que elas aparecerem, é o primeiro degrau para a construção da confiança.

## Comunicação clara – Você "diz" o que quer dizer.

Não permitir lacunas na comunicação, que ocorrem quando o que se está dizendo não corresponde ao sentimento original. Isso gera uma dissonância entre o que se está dizendo e o que de fato se está querendo dizer. E nenhuma dissonância cognitiva (lacuna de comunicação) entre pessoas ou grupos é construtiva ou nos ajuda a construir os relacionamentos.

## Compromisso – Você de fato faz o que diz que vai fazer.

Prometer fazer algo, virar as costas e não cumprir é um indício forte de equipes com baixo nível de confiança entre os membros. Toda energia despendida para monitorar e assegurar que cada membro faça o que disse que iria fazer, na verdade, é energia desperdiçada, o que não seria necessário caso a equipe tivesse um bom nível de maturidade. As pessoas apreciam a clareza e a reciprocidade e reagem bem a elas. Elas se comportam em relação aos outros da maneira como percebem que os outros se comportam em relação a elas.

**Consideração – Você leva o interesse dos outros em conta.**

Focar apenas o seu interesse individual cria um circuito negativo que retroalimenta a mesma atitude em cada um. O compartilhamento de desafios e dos benefícios esperados a favor do grupo cria uma atmosfera de confiança e de maior comprometimento de longo prazo. De fato, também ajuda se tivermos em mente que *eu posso estar errado e o outro pode estar certo.*

Confiança e respeito são a matéria-prima dos temas que vamos tratar na sequência, em todos os tópicos deste livro.

Eu vejo você!!!

CAPÍTULO 2

# Não sejamos a nossa própria restrição

Sistema de crenças, valores, atitudes e comportamento — Quando uma mudança é mais efetiva — Mapa mental — Feedback de reforço — Feedback de compensação — Circuito completo de aprendizagem.

Sem dúvida alguma, um grande passo evolutivo para cada um de nós é a conquista do autoconhecimento. O autoconhecimento e as reflexões, os diálogos internos que realizamos para desafiar as nossas crenças, permitem-nos avançar e nos adaptar a novas situações, além de corrigir padrões anteriores de comportamento.

Segundo o psicanalista Abraham H. Maslow, "o que é necessário mudar em uma pessoa é o grau de consciência que possui a respeito de si mesma".

Nós moldamos as nossas atitudes com base em crenças e convicções de como as situações devem ser tratadas. O circuito funciona da seguinte maneira:

*Experiências moldam e reforçam crenças, que moldam valores, que definem atitudes, que são manifestadas por meio de comportamentos.*

Um caso hipotético: se me sinto enganado por uma pessoa, cada experiência dessa natureza é mais um reforço à crença que estou predisposto a consolidar em minha vida de que "pessoas não são confiáveis". Dessa forma, sou moldado por mim mesmo a atuar de maneira desconfiada e incrédula em relação às pessoas, agindo de modo a construir barreiras de proteção para que a minha crença não se confirme de novo, ou seja, de que realmente as pessoas não são confiáveis e por isso serei enganado se não tomar cuidado.

Desafiar convicções ou crenças é muito enriquecedor, pois nos permite sair de situações de conflito e nos inspirar para a realização de novos patamares de desempenho, permitindo que nossos pensamentos sejam mais nítidos, e nossas decisões, mais apegadas à verdade e ao resultado, sem estarem constantemente "contaminadas" por premissas que nem sempre correspondem aos fatos.

Grande parte da dificuldade que enfrentamos é que, de fato, não há como capturar exatamente a nossa realidade. O máximo que temos são hipóteses sobre essa realidade.

Conforme o pensamento de Lucrécio (94 a.C. — 50 a.C.), "o tolo acredita que a montanha mais alta do mundo será igual à mais alta já observada por ele". Estamos habituados a filtrar e ouvir apenas o que reforça nosso ponto de vista. Desenvolvemos um "mapa mental" da realidade, que é configurado e reforçado pelas experiências.

Na Figura 2, explicamos como o esquema lógico e emocional funciona.

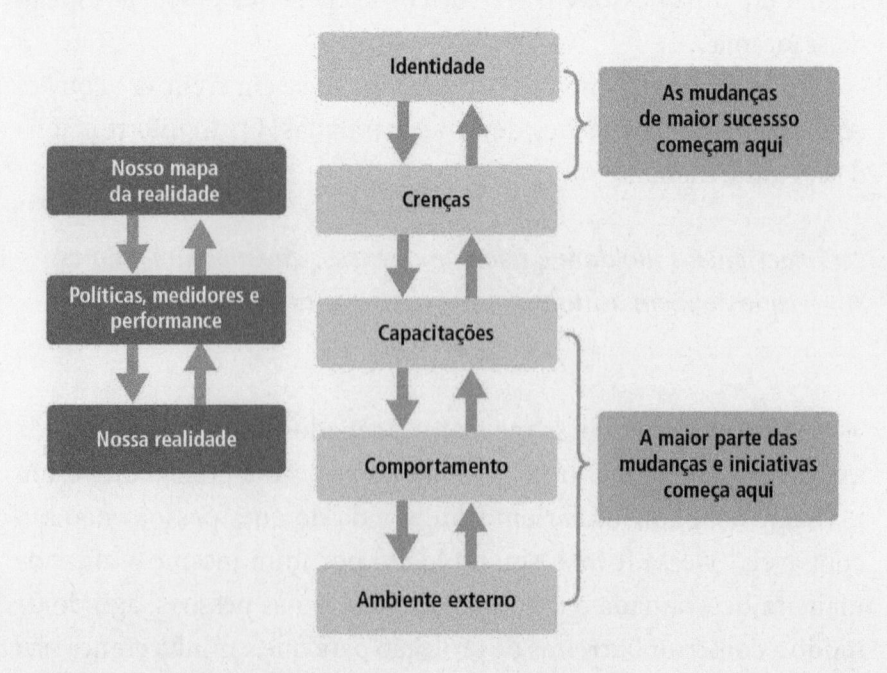

**Figura 2** — Sistema de reforço de crenças e de padrões de comportamento.

Inicialmente, temos as nossas experiências e crenças pessoais, avançando por nossas capacitações (habilidades que procuramos desenvolver para podermos agir e reagir num mundo mentalmente moldado por nossas crenças). Isso afeta o nosso comportamento, impactando o mundo externo por meio das nossas ações e atitudes. Esse circuito funciona por vias de mão dupla, com mecanismos de autorreforço e autojustificativas.

Nossas crenças são desenvolvidas em estágios, reforçadas por estímulos que as nossas próprias experiências provocam. Por meio da capacitação procuramos incorporar e trabalhar tudo que esteja na esfera desse nosso sistema de crenças e, mediante nossas atitudes, procuramos satisfazer esse sistema.

Porém, podem existir armadilhas no caminho. Não há nada mais enganador do que um fato óbvio. Podemos não sentir o cheiro do monóxido de carbono e do gás metano, mas se os respirarmos estaremos mortos. O que vemos é o que a nossa experiência e nossos conceitos prévios nos ensinaram a ver.

Para uma mente desavisada, todos os fatos que vêm a reforçar esse circuito são imediatamente registrados em nosso sistema de reforço. Por outro lado, todos os fatos que desafiam nosso sistema de crenças correm sérios riscos de ser desqualificados.

Quanto mais enraizadas as crenças e o nosso modelo mental, mais difícil se torna a mudança em direção a um modelo mais eficiente. Nossos modelos mentais são tácitos, estão profundamente arraigados em nosso subconsciente. Porém, por mais difícil que seja, a variável de ajuste não é o fato, mas sim o observador que somos.

Pela importância do conceito, gostaria de repeti-lo: *a variável de ajuste não é o fato, mas sim o observador que somos*. Esse aspecto será bastante explorado, embora de maneiras diferentes, por todo o livro.

Ainda conforme a Figura 2, não conseguimos absorver integralmente a nossa realidade. No máximo, o que conseguimos construir é um mapa mental dessa realidade, que pode mudar de pessoa para pessoa ou de um momento para o outro. E para estabelecer o funcionamento desse mapa mental que geramos, criamos nossas políticas, procedimentos e medidores, que servem ao mapa mental criado por nós.

Segundo Peter Senge, em seu livro *A quinta disciplina*, se você precisa de uma real mudança, precisa desafiar as regras. Nesse sentido, ele apresenta três argumentos.

Em primeiro lugar, *a estrutura influencia o comportamento:* "Diferentes pessoas na mesma estrutura tendem a produzir resultados qualitativos semelhantes" (SENGE, 1990, p. 50).

Em segundo lugar, *a estrutura dos sistemas humanos é sutil:* "Nos sistemas humanos, a estrutura inclui o modo como as pessoas tomam decisões — o modo operacional pelo qual nós transformamos percepções, metas, regras e normas em ação" (SENGE, 1990, p. 50).

E em terceiro lugar, *o poder provém de novas maneiras de pensar:* "[...] as pessoas geralmente têm um poder em potencial que não exercem porque só se concentram nas próprias decisões e ignoram como estas decisões afetam outras" (SENGE, 1990, p. 50).

Assim, podemos estar expostos a um sistema de *feedback de reforço*. Vamos ilustrar com um exemplo prático do mundo empresarial, com a ajuda da Figura 3.

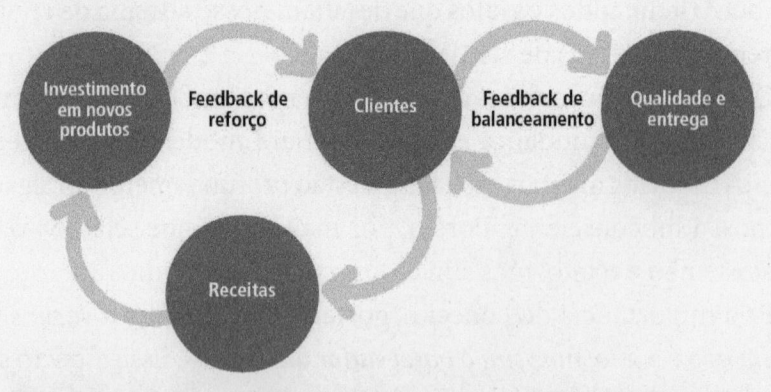

**Figura 3** — Sistema de feedback de reforço e de balanceamento.

Nessa figura, o feedback de reforço, representado pelo circuito

*Investimento em novos produtos → que gera novos clientes → que geram receitas → que por sua vez permitirão mais investimentos,* representa um *loop* de possível crescimento e enriquecimento para uma empresa. Porém, como todo *loop* positivo, mecanismos de balanceamento são necessários, pois mais produtos e clientes demandam maior necessidade de serviços de pós-venda, qualidade e entrega, colocando em risco a capacidade da empresa de manter sua imagem e credibilidade no mercado.

Assim, todo sucesso ou fracasso sempre exigirá que ocorra um circuito de compensação, ou o que Senge chamou de *feedback de balanceamento*, que deve servir como um processo para compensar potenciais efeitos negativos ou apoiar o desempenho esperado no circuito chamado por Senge de *feedback de reforço*.

Ficamos presos a esse circuito, reforçados e seguros, por meio das estruturas que nós, seres humanos, construímos — podendo essas estruturas serem representadas por culturas, padrões, leis, regras, processos, medidores, que, como escreveu Senge, tomam decisões por nós; até que uma anomalia (conceito que estudaremos mais adiante neste livro) gere forte pressão para romper esse circuito e também faça pressão para que uma mudança ocorra.

As premissas geradoras de êxitos passados (ou mesmo de fracassos passados) podem não mais existir, porém estão muito arraigadas, e, se temos realmente a consciência de que uma nova visão é necessária, a saída é desenvolvermos normas e culturas organizacionais que reforcem o novo comportamento. Para isso, temos que combater velhos costumes, atuando na criação de novos hábitos que substituam os antigos.

Mais adiante, veremos como a ciência de fato evolui, seguindo um caminho semelhante aos descritos nos parágrafos anteriores. Apenas a pretexto de adiantar, para a ciência, todo evento que não possui coerência com o sistema de crenças (paradigmas) é um fato de extrema utilidade, que tem o potencial de nos conduzir a um novo modelo científico, a novas crenças e modelos de pensamento. Isso tudo será abordado do ponto de vista científico.

Também mais adiante abordaremos esses mecanismos do ponto de vista emocional e como podemos desenvolver relações interpessoais mais sintonizadas e sem dissonâncias cognitivas.

Mas, na prática, qual é a utilidade de conhecer esse padrão de comportamento?

Observando a Figura 3, para que possamos ter maior profundidade e efetividade em nossas mudanças e em nossos resultados, precisamos atuar por meio da aprendizagem. Entretanto, a maior parte das mudanças e iniciativas que conduzimos em nossa vida ocorre nos níveis da *capacitação*, do *comportamento* e do *ambiente externo*, porém esses níveis ainda estão, de forma geral, reféns do nosso sistema de crenças, reproduzindo o sistema de premissas que está profundamente incorporado em nosso modelo mental.

Citando novamente Peter Senge, em seu livro *A quinta disciplina*:

> A verdadeira aprendizagem está verdadeiramente relacionada com o que significa ser humano. Por intermédio da aprendizagem nós nos recriamos, tornamo-nos capazes de fazer o que nunca conseguimos fazer, adquirimos uma nova visão do mundo e, na nossa relação com ele, ampliamos a nossa capacidade de criar, de fazer parte do processo generativo da vida. (SENGE, 1990, p. 22)

Quando desafiamos o nosso sistema de crenças, temos o potencial de obter os maiores e mais profundos resultados. É esse nível que as ações de maior sucesso devem focar. O desafio constante do nosso sistema de crenças é importante, pois o mundo real está sempre mudando e se reinventando, tornando obsoletos os mecanismos que funcionavam adequadamente em situações anteriores. Com isso, poderemos deixar de atuar na superfície do problema, e mais em suas causas raízes.

Vamos abordar esse mesmo processo por outro ângulo.

Conforme exposto por Chris Argyris em seu livro *Enfrentando defesas empresariais*, cujo modelo foi posteriormente evoluído, nossas intervenções podem se dar em diversos níveis (Figura 4).

```
Cultura/        Sistema/         Ação         Ocorrência
Premissas  →   Procedimento  →            →
                                    ↑
                              Circuito simples de
                                   aprendizado
                    ↑
              Circuito duplo de aprendizado
        ↑
     Circuito completo de aprendizado
```

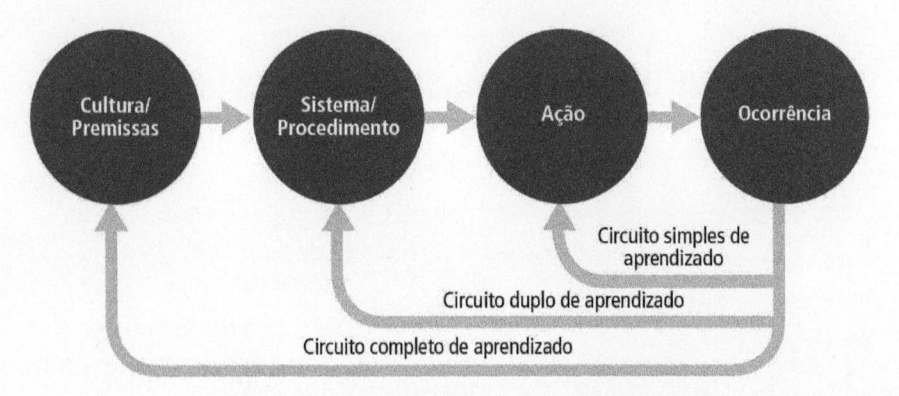

**Figura 4** — Circuitos de aprendizado.

Podemos apenas corrigir o efeito negativo de uma ação (por exemplo, o desentendimento entre dois funcionários), atuando no sistema ou processo (redistribuindo tarefas, reduzindo a competição por recursos ou conflito de objetivos), ou podemos atuar no âmbito da cultura (promovendo a transparência e a confiança entre os funcionários, o diálogo e a cooperação).

Nem todas as ocorrências exigem que atuemos no *circuito completo*, porém, no longo prazo, as mudanças mais efetivas nascem a partir desse nível de aprendizado e de melhoria.

CAPÍTULO 3

# Portanto, vamos superar nossos limites

O método científico para mudança de paradigmas — Resistências — Novos paradigmas — O exército de Napoleão.

Tendo em vista que já discutimos sobre nosso sistema de crenças e onde podemos atuar para obter os melhores resultados, neste capítulo vamos discutir sobre paradigmas e realizar uma introdução sobre o método científico. Um adequado entendimento dos mecanismos intuitivos subjacentes a esses temas nos permitirá identificar oportunidades de expansão de nossos horizontes mentais e de realização prática.

Paradigma significa limite, fronteira de conhecimento. Quando estabelecemos um paradigma em nossa vida, passamos a ter a nossa área de atuação e o nosso alcance mental estabelecidos e permeados por ele. Além disso, ao tentar superá-lo, os elementos e pessoas comprometidos com o paradigma vigente atuam de forma a mantê-lo, resistindo a mudanças que impliquem uma eventual ruptura.

Vamos resgatar alguns exemplos na história que demonstram o surgimento de novos horizontes quando se rompem paradigmas e também de apego aos paradigmas e a um comportamento de resistência. Quando este último aspecto ocorre, consideramos que a própria cultura ou crença se torna uma restrição.

Quando se comprovou que a luz não se tratava de ondas que se movimentavam pelo éter e que, na verdade, era composta de partículas eletromagnéticas, que passaram a ser chamadas de *fótons*, todo um novo universo de conhecimento se abriu. Com os avanços, a partir da experiência inicial de Newton com a refração dos feixes de luz, podemos agora identificar a composição de corpos celestes localizados a milhões de anos-luz apenas com a análise da frequência da luz que captamos na Terra.

O discípulo de Pitágoras, Hipaso de Metaponto, suicidou-se porque suas proposições não eram aceitas pelos demais seguidores de Pitágoras. O grupo pitagórico estava preso à pressuposição de que os números racionais explicavam toda a geometria do mundo. Hipaso foi o primeiro que comprovou a existência de números irracionais, o que lhe custou a vida, em decorrência da rejeição que sofreu.

Um físico contemporâneo de Newton na Real Society da Inglaterra, sobre o trabalho do próprio Newton, escreveu na época que "não há mais nada novo para ser descoberto pela física. Tudo o que nos resta são medições cada vez mais precisas". Essa afirmação é bastante emblemática. Inúmeras descobertas e inúmeros novos paradigmas surgiram depois de sua citação, e certamente inúmeras mudanças ainda ocorrerão no futuro.

No mundo empresarial também há muitos exemplos, como o da Kodak, que desenvolveu a tecnologia das câmeras digitais bem antes de seus concorrentes. Porém ficou presa ao seu sucesso, apostando na receita advinda de filmes de máquinas fotográficas tradicionais, e demorou a perceber a necessidade de se reinventar.

Outro caso de apego ao paradigma vigente pode ser constatado pela frase proferida por Ken Olsen, fundador da Digital Equipment Corporation, em 1977: "Não há razão para qualquer indivíduo ter um computador em casa".

No entanto, a eliminação da restrição decorrente do advento de um novo paradigma traz vantagens poderosas e alavancadoras. Vamos ilustrar com dois exemplos muito significativos, obtidos do trabalho de Kevin Ashton em seu livro *A história secreta da criatividade*, no qual relata como a possibilidade de armazenar alimentos em latas permitiu que o exército de Napoleão viajasse mais longe.

A história conta que Napoleão Bonaparte, após perder mais soldados por desnutrição do que nas batalhas, ofereceu um prêmio de 12 mil francos para quem inventasse uma maneira de preservar a comida e torná-la transportável. Um confeiteiro parisiense chamado Nicolas Appert, depois de 15 anos de experimentação, desenvolveu um método de preservar alimentos que consistia em colocá-los em garrafas hermeticamente fechadas. A fervura matava as bactérias, fenômeno que seria mais bem compreendido apenas após cem anos. Com a invenção, Appert passou a comercializar garrafas lacradas de perdizes a legumes, e os soldados, ao abri-las, após muitos meses, encontravam um alimento que parecia fresco, expandindo os limites de sua atuação e de sua sobrevivência.

Caso semelhante ocorreu com o transporte da água. Originalmente, a água era transportada em odres e vasos de cerâmica, com o constante problema de contaminação e incidência de doenças como cólera e disenteria. Os fenícios desenvolveram as garrafas em torno de 2500 a.C. e, quando seu uso se tornou mais comum, a água pôde ser transportada das fontes até lugares mais distantes. Mais uma restrição havia sido quebrada. O homem podia agora viajar a lugares longínquos com mais segurança, mesmo longe de rios, lagos e oásis.

De fato, o mérito ou o valor de uma nova teoria ou metodologia depende de qual restrição e limitação ela está rompendo, e os efeitos dessa expansão de limites são muito interessantes, conforme as considerações que fazemos a seguir.

- O valor da teoria ou metodologia está relacionado com as restrições e os limites que ela quebra.
- Enquanto perduravam as restrições existentes no paradigma anterior, elaboramos uma série de condições e ações que nos permitissem conviver com as limitações que a realidade nos impunha.
- Quando a restrição é rompida por uma nova teoria ou metodologia, ainda nos mantemos presos ao paradigma anterior em virtude das inúmeras condições que havíamos estabelecido.

Para ilustrar, vamos trazer a discussão para o mundo empresarial. Antes da existência da internet e da conexão on-line com servidores e a nuvem, os bancos tinham de manter grande parte dos dados dos clientes nas agências bancárias. Para a verificação da assinatura de um cliente, era preciso consultar sua ficha física, existente apenas na agência onde ele tinha conta.

Dessa forma, todo cliente estava necessariamente atrelado, por questão operacional e por limitações do processo, a uma agência, e muitas das operações precisavam ser checadas no local. Hoje, a tecnologia da informação já rompeu uma série das restrições anteriormente existentes. Porém, muitas de nossas atividades bancárias, exceto para novos modelos do sistema financeiro que começam a surgir, ainda são executadas de forma atrelada a uma agência bancária, sem, entretanto, haver real necessidade, à luz das tecnologias há tempo disponíveis no mercado.

Em outras palavras, ainda não nos beneficiamos de todas as vantagens decorrentes das limitações rompidas pela tecnologia. O que nos impede, então? Ainda estamos arraigados a velhos hábitos, que são modificados apenas gradativamente.

Esse é o processo inerente à introdução de novos paradigmas e à substituição de nossos modelos mentais. É o desafio que aquilo que é novo tem de enfrentar.

CAPÍTULO 4

# Temos de aprender a tratar as dualidades

Dualidades — Oscilação entre o que estamos ganhando e o que estamos perdendo — Mecanismos de tensão estrutural — Conflitos crônicos — Método científico — Complexidade e simplicidade inerente.

As dualidades constituem um mecanismo inerente às nossas vidas. Constantemente precisamos decidir entre uma situação ou outra, nas quais sempre temos de abrir mão de algo para obter alguma outra coisa. Essas dualidades, muitas vezes, parecem ser irreconciliáveis. Ter consciência do mecanismo subjacente a esse processo de dualidade e adotar técnicas para lidar com essas situações favorece em muito a qualidade e o conforto de nossas decisões.

Apenas para ilustração, se optamos por investir em nossa carreira, pode ser em detrimento de nosso tempo disponível para o lazer e a família. Se investimos em uma viagem para um determinado local, é porque abrimos mão de estar em outro local turístico, que também seria uma opção atraente.

Uma opção ou decisão sempre prevalecerá em detrimento de outra, e muitas vezes o prazer da opção escolhida é ofuscado pelo fato de abrirmos mão da opção não escolhida.

Do ponto de vista empresarial, uma abordagem muito simples e ilustrativa é proposta por Robert Fritz em seu livro *The path of least resistance for managers* (O caminho de menor resistência, em tradução livre). Ele analisa esse tema demonstrando um processo de oscilação, por exemplo, entre continuidade e mudança, representado na Figura 5.

**Figura 5** — Processo de oscilação entre continuidade e mudança.

Nesse caso, há duas forças que atuam sobre o gestor, representadas pelo elástico. Por um lado, há motivos que o induzem a manter o *status quo*, ou uma determinada situação, representados por uma continuidade. Por outro lado, há uma força que o induz à mudança, ou a romper parte das premissas que o levam a agir de alguma forma.

Nesse contexto, a mudança pode ser mais importante que a continuidade ou a continuidade pode ser mais importante que a mudança?

Se o gestor tende a um dos lados sem obter uma solução adequada, a tensão aumenta, decorrente do elástico do outro lado, que fica mais esticado. Dessa forma, poderá ficar oscilando de um lado a outro.

Fritz também dá um exemplo bastante emblemático e comum, conforme mostra a Figura 6.

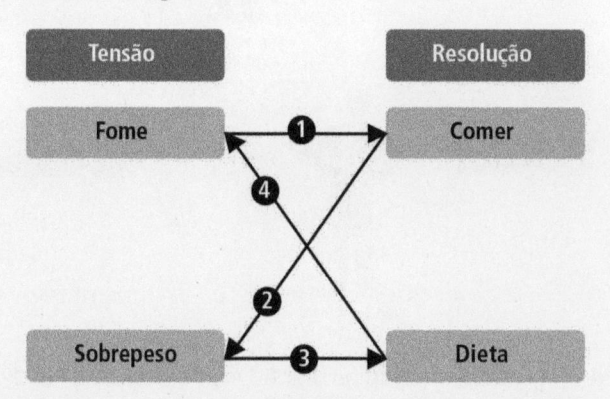

**Figura 6** — Sistema contínuo de tensão e resolução.

O processo pendular ocorre da seguinte forma:

- Quanto maior a tensão da fome, mais a pessoa é impulsionada a comer, o que passa a ser a solução.
- Essa solução, entretanto, gera uma nova tensão, que é o sobrepeso.
- A pessoa, então, é impulsionada a uma nova ação, que é fazer dieta.
- Essa solução, entretanto, gera uma nova tensão, que é a fome, voltando assim ao ponto inicial, o que mantém a situação num círculo vicioso.

De forma mais abstrata, esse processo pode ser explicado conforme a Figura 7: o que leva a uma oscilação entre a "mudança" e a "não mudança" (continuidade, fomentada por mecanismos de tensão de ambos os lados).

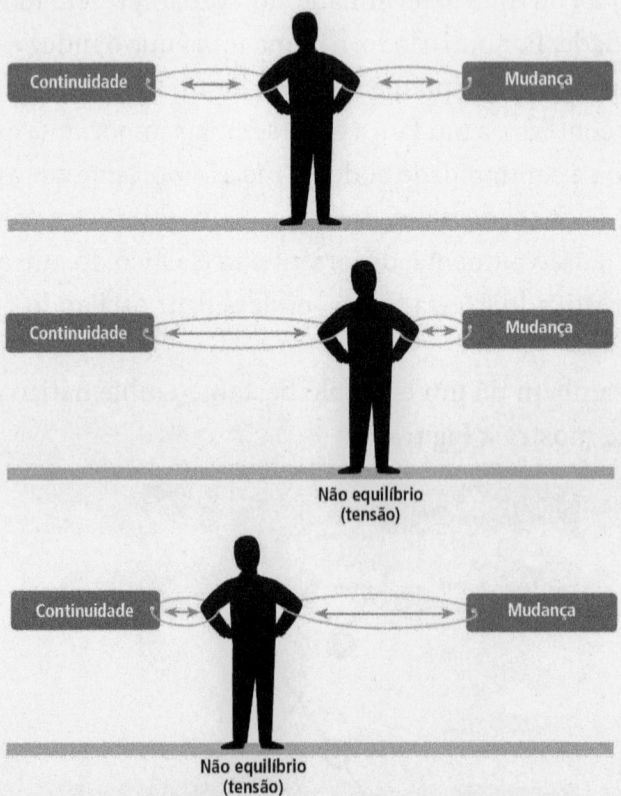

**Figura 7** — Mecanismo de oscilação entre tensão e resolução.

Se avançamos para um lado da nossa decisão, sem romper o conflito nem estabelecer claramente o consenso do caminho a seguir, um mecanismo de resistência atua para o retorno na direção contrária.

Para Robert Fritz, um simples processo de tensão–resolução causa tensão estrutural. Quando surge uma estrutura mais complexa, em que tensões estruturais se chocam com metas diferentes, acontece um conflito estrutural.

Quando os problemas se retroalimentam, ou quando desaparecem e ressurgem de forma crônica, podemos entender que há um conflito não rompido. Em relação a esse assunto, a abordagem da Teoria das Restrições (TOC, do inglês *Theory of Constraints*), elaborada pelo físico israelense Dr. Eliyahu Goldratt, apresenta valiosas ferramentas para identificação e resolução de situações que são crônicas por estarem presas a um conflito.

Para entender essa abordagem, seguem algumas definições da TOC:

- **Problema** é um objetivo bloqueado.
- **Conflito** é um par de condições necessárias mutuamente excludentes.
- **Sintomas** são os efeitos indesejáveis decorrentes do objetivo bloqueado.
- **Causa raiz** é um fato gerador de efeitos indesejáveis.
- **Premissas** são crenças, procedimentos e atitudes que nos mantêm presos ao conflito.

Para excluir todos os sintomas, é importante atuar e eliminar a causa raiz. Essa é a ação fundamental, embora possam ser necessárias ações adicionais complementares para acabar totalmente com os sintomas.

Sendo assim, desafiar as nossas premissas e questionar as nossas crenças é o caminho para eliminar conflitos. Sempre encontraremos premissas errôneas que nos induzem a nos manter no conflito. Desafiando as premissas, no sentido de mudá-las, não seremos obrigados a escolher um ou outro lado, nem mesmo a ficar no meio do conflito.

O exemplo a seguir, baseado na situação de uma empresa de bens de consumo, ajuda-nos a entender o que foi exposto.

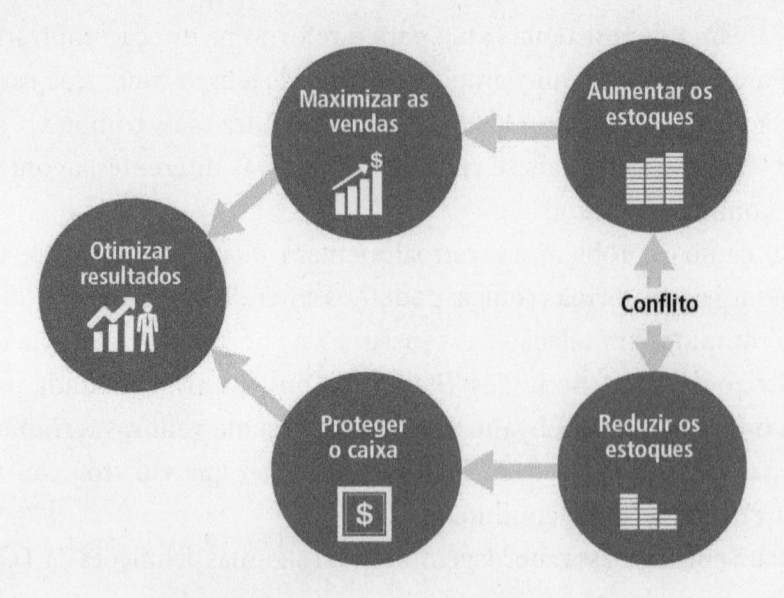

**Figura 8** — Exemplo de Nuvem de Conflito.

Vamos utilizar esse exemplo para ilustrar e entender as definições anteriores:

- **Problema:** o objetivo do gestor é otimizar resultados. Suas metas e cobranças estão relacionadas à qualidade da gestão como um todo, e não apenas a áreas específicas. Para isso o gestor tem, entre outras, duas condições necessárias: maximizar as vendas e proteger o caixa. Se uma dessas condições não for atendida, então o gestor tem de fato um problema, pois o seu objetivo está bloqueado. O problema, nesse caso, é a impossibilidade de o gestor otimizar os resultados sob sua responsabilidade por algum conflito associado às condições necessárias e aos pré-requisitos para o atendimento de seus objetivos.
- **Conflito:** como esse par de condições necessárias (entre outras) possui pré-requisitos excludentes (ou o gestor aumenta os estoques para maximizar as vendas ou reduz os estoques para proteger o caixa), ora o gestor está num dos lados do conflito, ora fica no meio do conflito, não atendendo adequadamente a nenhuma das condições necessárias. De qualquer

maneira, o seu objetivo está bloqueado, decorrente da existência do conflito.
- **Sintoma:** tudo o mais são sintomas decorrentes do conflito principal. Desentendimentos entre os responsáveis pelos departamentos de vendas e financeiro, diminuição nas vendas, perdas financeiras etc. Tudo isso passa a ser manifestação do conflito central.

Como podemos resolver essa situação? Analisando as possíveis premissas que nos mantêm no conflito e desafiando pelo menos uma delas. Podemos verbalizar: *aumentar os estoques (necessário para maximizar as vendas) está em conflito com reduzir os estoques (necessário para proteger o caixa), na medida em que...* e projetar em formato de *brainstorming* as possíveis hipóteses e respostas à questão colocada:

*... nosso processo de previsão de vendas é bastante acurado e é o melhor que nossa experiência nos permite implantar;*

*... trabalhamos com o "empurrar" (ressuprimento baseado na demanda prevista) e não com o "puxar" (ressuprimento baseado no consumo real);*

*... a localização dos estoques na nossa rede de distribuição está otimizada;*

*... os recursos financeiros investidos nos estoques têm de ser financiados por capital próprio.*

Tais afirmações são premissas do negócio que elaboramos de forma hipotética, para efeito deste exercício, as quais, no nosso exemplo, supomos que os gestores consideraram válidas e historicamente não ousaram desafiar — ou as desafiaram, sem, porém, chegar a um consenso. Para sair do conflito, precisamos desafiar uma dessas premissas (que de fato se mostrará errônea).

Vamos desafiar, ainda hipoteticamente, a premissa "a localização dos estoques na nossa rede de distribuição está otimizada".

O estoque que está muito na ponta do consumo perde o efeito de agregação, pois a empresa precisa manter diversidade e quantidade para atender a toda a variabilidade da demanda. O que ocorre, porém, é que em cada ponta irá sobrar ou faltar, pois a demanda é imprevisível.

Para esclarecer melhor esse conceito, vamos utilizar um exemplo simples. Imaginemos um bairro e um sistema de caixas-d'água. Existe uma caixa-d'água para cada residência e uma central que abastece o bairro. No reservatório de cada casa, em razão do consumo de cada unidade residencial ser variável no tempo, pode sobrar ou faltar água. A existência de uma caixa-d'água central que abastece as unidades residenciais do bairro compensa a variabilidade do consumo em cada casa (em algumas residências falta água; e em outras, sobra). Essa compensação permite a redução da necessidade do estoque total de água e a otimização do fluxo de abastecimento de água para as moradias.

Voltando ao exercício da hipotética organização de bens de consumo, essa organização poderá consolidar estoques em sub-regiões que permitam abastecer o ponto de venda rapidamente. A agregação do estoque permitirá que oscilações de demanda em cada ponto de venda se compensem, fazendo com que a empresa reduza o nível de estoque total sem, entretanto, colocar as suas vendas em risco.

Nesse exemplo, os pré-requisitos (aumentar ou reduzir estoque) para cada uma das condições necessárias (maximizar vendas e proteger o caixa) deixaram de ser mutuamente excludentes ao se desafiar uma das premissas errôneas que mantinha o grupo de gestores no conflito, e que era, portanto, a causa raiz do conflito. Ao se atuar na causa raiz, as duas condições necessárias ao objetivo são atendidas, desbloqueando, dessa forma, o objetivo e reduzindo a maior parte dos sintomas.

A principal mensagem é a seguinte: atuando-se na causa raiz, eliminamos o conflito e a maior parte dos sintomas. Não precisamos atacar todos os sintomas, precisamos focar a causa raiz. Esse, de fato, é um método científico.

Qual é o benefício desse padrão de solução de conflitos? Como podemos harmonizar contrários? Como podemos realizar uma síntese das contradições?

É o que o método científico também nos explica, acrescentando à sua abordagem alguns aspectos importantes. Apropriando-nos desse escopo de conhecimento, nossas tarefas de desafiar conflitos e solucionar problemas ficam muito mais simples e efetivas, permitindo, inclusive, que não abandonemos o desafio de quebrar o conflito antes mesmo de começarmos. *Problema* é aquilo de que não gostamos, e temos a percepção de que, quanto maiores os sintomas, maior o *problema*. Segundo o escopo conceitual atual da ciência, a complexidade não está no problema, mas na abordagem, conforme explicado a seguir:

- *Complexidade*, do ponto de vista do *senso comum*, tem a ver com a quantidade de dados necessários para se descrever plenamente um sistema. Quanto mais dados, mais complexo é o sistema.
- *Complexidade*, do ponto de vista *científico*, é definida pela quantidade de pontos necessários para se controlar o sistema. Quanto mais elementos são necessários para impactar o sistema, mais complexo ele é. Neste conceito de complexidade, a questão não é a quantidade de elementos do sistema, e sim a quantidade de elementos para se controlar o sistema. A definição a seguir, de simplicidade inerente, nos ajudará a compreender esse ponto.
- *Simplicidade inerente* é o número mínimo de pontos necessários para impactar todo o sistema. Assim, mesmo se tratando de um sistema complexo, se identificamos e atuamos sobre poucos pontos criticamente privilegiados, ou causas raiz, impactamos todo o sistema.

Com isso, escolhendo e sabendo aplicar a abordagem correta, podemos aumentar os resultados, mesmo reduzindo os esforços.

Nassim Nicholas Taleb, em seu livro *Antifrágil: coisas que se beneficiam com o caos*, afirma que decisões óbvias necessitam de apenas uma razão. Se tivermos mais de uma razão, podemos estar querendo convencer a nós mesmos.

Como já abordei em meu livro anterior, a realidade e qualquer parte dela são governadas por muito poucos elementos, e os conflitos existentes podem ser eliminados. Essa questão da interação e correlação entre as partes, as quais denominamos relações de causa-efeito, é a chave para simplificar nossa abordagem em relação a sistemas, incluindo nossas empresas.

Na aparente "ordem" ou "desordem" de uma empresa, podemos encontrar poucos elementos, os quais, por meio de uma relação de causa-efeito, uma vez estimulados, produzirão uma resposta positiva para a empresa (sistema) como um todo, haja vista os resultados que ela se propõe a alcançar.

A aplicação desse princípio permite obter foco e grande potencial de alavancagem, pois simplifica muito a nossa abordagem para resolver situações problemáticas ou desconfortáveis. Esses poucos elementos que devem ser estimulados são o foco do gestor, entendendo como foco *fazer o que devemos fazer e não fazer o que não devemos fazer*.

Investimentos e recursos necessários para alavancar nossas organizações podem ser caros e extensos, ou podemos escolher focar poucos elementos e promover grandes resultados.

Nosso desafio é converter a complexidade e a especialização em desempenho. Enxergar uma situação em toda a sua complexidade e incerteza e dela extrair uma ordenação simples e coerente, que possa direcionar a nossa atuação.

Vivemos uma época em que os ciclos de inovação são rápidos e as mudanças são intensas. E quanto maiores e mais rápidas as mudanças, mais valioso se torna identificar o que é essencial.

Uma frase atribuída a Leonardo da Vinci nos ajuda a entender a importância de abordar situações aparentemente complexas pelo ponto de vista do essencial e da simplicidade inerente: "A simplicidade é o último grau de sofisticação".

CAPÍTULO 5
# As dualidades sob o ponto de vista de preservação do capital

As naturezas de capital — A restrição — A ética — Como medir as melhores coisas da vida e o que vale a pena — A luta pelo respeito ao capital natural — O material mais raro do planeta Terra.

Capital são os recursos que as empresas e pessoas têm disponíveis e que podem gerar riqueza. Equipamentos e mão de obra são recursos que, se bem aplicados, geram riqueza. A concessão para explorar uma mina subterrânea permite gerar riqueza com o minério extraído. A existência de excedente financeiro permite a aplicação dele e a obtenção de juros decorrentes de aplicações. Bons relacionamentos profissionais possibilitam fazer uso deles para gerar contratos e novos negócios. Todos esses casos são exemplos de capital, de diversas naturezas.

Podemos classificar os capitais existentes em seis categorias: financeiro, manufaturado, intelectual, humano, social-relacionamento e natural.

Os capitais *financeiro* e *manufaturado* são os mais específicos e acumulados pelas organizações. Os capitais *intelectual*, *humano* e *social-relacionamento* são acumulados no ambiente social e incorporados e utilizados pelas companhias. O capital *natural* é aquele disponibilizado pela natureza e, muitas vezes, regulado pelo Estado.

Essa classificação e abordagem nos permitem interpretar de imediato dois fatos que são de extrema importância.

Primeiro: a *restrição*. Mais do que nunca na história, o capital natural passa a ser uma restrição para a sociedade e para a sustentabilidade do planeta e das populações que aqui habitam. O mau uso do capital natural, entre outras consequências, passa a ser um limitador do crescimento econômico. Na Cidade do México, por exemplo, algumas fábricas são obrigadas a interromper a produção por alguns períodos, mesmo em horários comerciais, em decorrência do excesso de gases poluentes. Em algumas regiões do planeta, a falta de água já é uma relevante restrição para o crescimento econômico.

Segundo: a *ética*. Muitas vezes o uso de um capital ocorre em detrimento de outro. Podemos estimular o capital financeiro pagando baixos salários, e com isso afetar o capital humano. Podemos incrementar o capital manufaturado gerando resíduos danosos ao capital natural. O equilíbrio e o uso justo e balanceado dos capitais existentes são alguns dos grandes desafios do mundo e de nossa governança.

Temos de enxergar, portanto, o capital de maneira ampla, e nossas decisões devem estar bem fundamentadas para garantir a preservação e o devido balanceamento entre as diversas naturezas do capital.

Adicionalmente, à medida que aumenta sobre nós a cobrança e a consciência a respeito de questões tais como responsabilidade social e ambiental, torna-se cada vez mais importante perguntar: "Que tipo de valor queremos entregar?".

O desafio será desenvolver a consciência a ponto de realizar contribuições relevantes ao bem-estar social de uma forma harmônica com os objetivos que a sociedade e o ambiente empresarial nos colocam.

Tivemos, e ainda temos, diversas situações em que determinado capital é sacrificado em detrimento de outro.

A intensidade do desmatamento da natureza em favor da expansão das terras cultiváveis é um exemplo em que há um avanço econômico agropecuário (tendo por justificativa a necessidade da expansão do fornecimento de alimentos), mas apresentando como contraponto a inversão do balanço entre a emissão de oxigênio e a emissão de gases que podem contribuir para o aquecimento global.

É interessante recontar aqui a história real da longa batalha para se eliminar o uso de chumbo nos produtos de consumo, incluindo brinquedos para crianças, cujo desenrolar ocorreu na primeira metade do século XX nos Estados Unidos.

Embora os perigos do chumbo fossem conhecidos desde o início do século XX, o metal podia ser encontrado em todo tipo de produto de consumo, por exemplo, em latas fechadas com solda de chumbo. A água costumava ser armazenada em tanques revestidos pelo mesmo material. Ele tornou-se muito mais familiar quando passou a ser acrescido à gasolina. É uma neurotoxina que, absorvida em excesso, pode danificar irreparavelmente o cérebro e o sistema nervoso central. Por outro lado, é fácil de extrair e manusear, além de ser muito lucrativo em escala industrial.

No ano de 1923, três das maiores corporações dos Estados Unidos — General Motors, DuPont e Standard Oil de Nova Jersey — formaram uma *joint venture*, com o nome de Ethyl Gasoline Corporation, para produzir um composto químico com uso do chumbo denominado tetraetila, que reduzia significativamente a vibração conhecida como batida do motor. Quase imediatamente, os operários da produção passaram a exibir o andar cambaleante e sinais mentais confusos de quem se envenenou. Também quase imediatamente, a Ethyl Corporation embarcou numa política de negação calma, mas inflexível, que lhe seria útil durante décadas. Quando os funcionários de uma fábrica desenvolviam delírios irreversíveis, um porta-voz imperturbável informava à imprensa: "Esses homens provavelmente enlouqueceram porque trabalharam demais". Às vezes, porém, suprimir as notícias se tornava impossível, mais marcadamente em 1924, quando, em questão de dias, cinco trabalhadores da produção morreram e outros 35 foram transformados em pilhas de nervos vacilantes em uma única instalação mal ventilada. A lista de efeitos danosos do chumbo é extensa, e muitos de seus defensores, por interesse financeiro, morreram vítimas do produto.

Durante muitos anos, os principais estudos realizados a respeito dos efeitos danosos do chumbo foram financiados por empresas associadas à própria exploração comercial do metal. Num desses estudos, um médico especializado em patologia química realizou um programa de cinco anos em que se pedia a voluntários que respirassem ou engolissem grandes quantidades de chumbo. Depois, a urina e as fezes dessas pessoas foram examinadas. O chumbo não é expelido como produto residual. Ao contrário, acumula-se nos ossos e no sangue — daí ser tão perigoso —, mas nem os ossos nem o sangue foram analisados. O resultado foi a aprovação do chumbo como inofensivo à saúde.

No final da década de 1940, um estudante de pós-graduação da Universidade de Chicago chamado Clair Patterson, nascido no meio rural de Iowa, empregou um método novo de medição por isótopo de chumbo para tentar descobrir, enfim, a idade definitiva da Terra. Todas as suas amostras acabaram contaminadas — em níveis absurdos.

Clair passou muitos anos procurando identificar rochas suficientemente antigas para que seu estudo se apoiasse em materiais que pudessem ajudá-lo em suas conclusões. Em 1953, anunciou a idade estimada da Terra em 4,5 bilhões de anos, com uma margem de erro de mais ou menos 70 milhões de anos, uma estimativa que continua válida até hoje.

O ponto que nos interessa nessa história é que Clair Patterson notou que antes de 1923 quase não havia chumbo na atmosfera, e desde então sua concentração crescera de forma vertiginosa. A partir dessa constatação, Patterson tornou-se um forte combatente contra o uso do chumbo, de sua indústria e de seus interesses.

A luta de ambos os lados foi terrível. O movimento financeiro para sustentar questões jurídicas e pesquisas, levantado pela indústria de aditivos de chumbo a fim de manter legal a sua utilização, foi enorme. Apenas nas décadas de 1980 e 1990 é que, de fato, o avanço nas restrições para uso do chumbo em aditivos e em produtos de consumo se tornou relevante.

A consciência quanto ao dano causado pelo uso do chumbo, assim como outros materiais, como o amianto, para nós hoje é natural e automática. Porém, até chegarmos a essa consciência, muitas batalhas e sacrifícios foram levados a efeito.

Lembrando do mecanismo da dualidade e focando a gestão, cabe aqui uma importante citação de Joan Magretta:

> Estamos diante de um importante desafio como cidadãos: como medir as melhores coisas da vida. Essas coisas não têm preço, mesmo assim, de modo algum elas são de graça. [...] teremos de estar prontos para responder quando os gerentes nos perguntarem qual o valor e quanto estamos dispostos a pagar por isto. Teremos de estar dispostos a enfrentar a realidade, e aceitar uma permuta, uma compensação, para realizar nossos objetivos. (MAGRETTA, 2002, p. 214)

Gostaria de concluir este capítulo com um exemplo bastante inusitado.

Você sabe qual é o bem mais precioso do universo? Estamos dispostos a pagar enormes fortunas por alguns gramas de diamantes, ouro, pedras preciosas. Literalmente, damos o sangue por esses materiais.

Mas os bens mais preciosos no universo são a madeira, a gramínea, os vegetais, os animais, o equilíbrio do ciclo sustentável da água e do oxigênio. Não temos conhecimento ainda de nenhum planeta, além da Terra, que dispõe dessas riquezas. Porém, o ouro e o diamante são abundantes no universo.

Para corroborar o que foi colocado, de acordo com uma publicação recente na revista *National Geographic*, cientistas descobriram um planeta com três vezes o tamanho da Terra, na constelação de Câncer, a 40 anos-luz de nós. O planeta, sob uma camada de grafite, é totalmente composto por diamante puro.

CAPÍTULO 6

# Escolher o modelo mental é nossa opção

Definitivo, como tudo que é simples — Apreensão da realidade, do fato e a percepção do fato — História da catedral — Análise do fato sem juízo de valor — Nietzsche.

O consagrado escritor Carlos Drummond de Andrade, em seu poema "Definitivo", escreveu "A dor é inevitável. O sofrimento é opcional".

Vale a pena repassar parte do poema de Drummond em mais detalhes:

> Definitivo, como tudo o que é simples. Nossa dor não advém das coisas vividas, mas das coisas que foram sonhadas e não se cumpriram.
> [...]
> A cada dia que vivo, mais me convenço de que o desperdício da vida está no amor que não damos, nas forças que não usamos, na prudência egoísta que nada arrisca, e que, esquivando-se do sofrimento, perdemos também a felicidade.
> A dor é inevitável.
> O sofrimento é opcional...

Podemos ter dificuldade em escolher a nossa emoção, mas podemos escolher a nossa ação. Isso significa operar *com a* emoção e não *desde a* emoção. Em geral, uma emoção apenas pode ser suplantada por outra emoção. Podemos superar o medo por um medo mais forte, ou pela esperança. Ao tratarmos melhor nossa emoção, estamos abertos à ação.

Costumo utilizar uma figura de linguagem para ilustrar a questão do enquadramento mental de nossas experiências, o que ocasionará melhores ou piores decisões e atitudes. Vejamos.

Digamos que você esteja andando na rua e gratuitamente leva um tapa de alguém. Você fica com muita raiva. De quem é a culpa desse sentimento de raiva? Ou, perguntando de forma diferente, quem está no controle da emoção *raiva* nesse momento?

Normalmente, as pessoas respondem que a culpa, sem dúvida, é de quem deu o tapa.

De fato, a raiva foi uma emoção assumida e decidida por você no momento, mas não é absoluta. Alguém poderia considerar, por exemplo, que a pessoa agressora é simplesmente um maluco, não dar "muita bola" e se esquivar do caminho. A natureza do sentimento, assim como sua intensidade e duração, depende de nós mesmos. Se puxarmos um gatilho adequado, poderemos eventualmente sair de algumas armadilhas.

No livro *Coaching: el arte de soplar brasas*, o escritor Leonardo Wolk conta uma história interessante:

> Havia três operários trabalhando em uma construção. Uma pessoa que passava se acercou de um deles e lhe perguntou: "O que está fazendo, bom homem?". "Estou colocando ladrilhos", respondeu. "É um trabalho duro com o qual eu ganho o pão de cada dia." Acercou-se do segundo operário e fez a mesma pergunta, ao que este respondeu: "Estamos colocando ladrilhos, construindo juntos o lado norte dessa estrutura". Finalmente, aproximou-se do terceiro operário, que diante da mesma pergunta, e com orgulho, disse: "Coloco ladrilhos para ajudar a levantar a mais formosa catedral para o meu povo". (WOLK, 2003, p. 48, tradução própria)

Tudo depende de termos um filtro adequado entre a observação e o mundo. Entre esses dois aspectos, que podemos descrever como o "fato", a "realidade" e a "percepção do fato", temos uma lente, um filtro pessoal, que faz toda a diferença no julgamento da situação.

Vamos explorar mais um pouco esses aspectos.

Na seguinte frase: "João é alto", em que ela difere, em essência, desta: "João tem 1,90 metro"? (Leonardo Wolk).

A primeira possui um juízo de valor subjetivo. João pode ser alto para uma pessoa de baixa estatura, mas não ser alto para uma pessoa com uma estatura maior que a dele. A segunda é puramente uma constatação, saindo da subjetividade para o fato.

Outros exemplos: "João chegou tarde às três últimas reuniões da equipe", em contraponto a "João não está interessado no projeto". Ou... "O xadrez é difícil" em contraponto a "O lápis é negro". Sinteticamente, são orações iguais, mas a segunda afirmação é um fato e a primeira é uma opinião, segundo Leonardo Wolk.

O fato em si não tem juízo. Jogadas boas ou más não são atributos dos eventos em si, mas avaliações adicionadas aos eventos, juízos esses que podem facilmente se alterar quando mudamos o avaliador.

Somos nós que atribuímos valor às coisas. A qualidade de nossos julgamentos é essencial e muitos problemas e conflitos poderiam ser evitados com um pequeno avanço na qualidade dos juízos que fazemos.

Se aprendermos a lidar com o juízo subjetivo ou apenas a descrição do fato, ponderando quando devemos priorizar um ou outro aspecto, poderemos evitar muitas situações de conflito e perdas de tempo e de energia.

Nietzsche afirma que "Contra o positivismo, que para perante os fenômenos e diz: 'Há apenas fatos', eu digo: 'Ao contrário, fatos é o que não há; há apenas interpretações'".

A realidade da outra pessoa não é a mesma que a nossa.

**Figura 9** — Mesmo fato, diferentes pontos de vista.

A variável de ajuste não é o fato, mas sim o observador que somos. Como afirmamos no início, somos os entes ativos da interpretação e da atribuição de juízo de valor ao fato.

Em situações de feedback para nossos colaboradores, por exemplo, é altamente recomendado na literatura técnica, quando se trata de liderança, que nos apoiemos em fatos, e não em opiniões subjetivas pessoais.

Uma alternativa para quando se tem realmente de emitir uma opinião é se apropriar dela. Por exemplo, "eu opino que ...". Dessa forma, o sujeito passa a ser "eu", trazendo para o "eu" a responsabilidade do julgamento, mas não querendo significar que a opinião do "eu" seja uma verdade absoluta ou universal, e sim uma verdade humanizada.

Depende de nós construir a nobreza de nossas interpretações diante dos acontecimentos do dia a dia, que são influenciados por pessoas de todos os níveis de maturidade. Quando assumimos altos níveis hierárquicos nas organizações, essa "nobreza" e a interpretação pura dos acontecimentos se tornam muito mais importantes, pois passamos, além de ser vitrines, a exercer com maior frequência a nossa capacidade de julgamento.

Como dito anteriormente, e que vale a pena repetir, o que queremos é obter *resultados* que nos aproximem dos *objetivos* esperados. Para isso, temos de focar nossas *ações* e focar nossas *decisões* para empreender determinadas ações; temos de cuidar da maturidade de nossas *emoções*, decorrente da leitura de mundo e de nossas *crenças*.

Antes de concluir este capítulo, não podemos deixar de falar sobre a doutrina filosófica denominada *estoicismo*, fundada por Zenão de Cítio (335-264 a.C.), elaborada e desenvolvida por inúmeros pensadores, entre eles Sêneca e Epíteto, e bastante aplicada hoje em dia.

O estoicismo foca a vida prática, os acontecimentos, o cotidiano. Segundo a doutrina estoica, não temos controle sobre todos os fatos da vida, mas podemos ter controle sobre a forma como reagimos a esses fatos. Assim, devemos aprender a manter o controle e viver de forma equilibrada e harmoniosa, negando sentimentos extremos e valorizando nossas próprias virtudes pessoais.

Marco Aurélio, imperador romano seguidor do estoicismo, declarou: "A felicidade da sua vida depende da qualidade dos seus pensamentos".

Sêneca, um dos mais importantes filósofos estoicos, escreveu: "Mal é viver na necessidade, mas não há nenhuma necessidade de viver sob a necessidade... A vida não tem nada de completo e acabado".

Para concluir este capítulo, um poema de Carlos Drummond de Andrade, "Verdade", que por si só diz bastante.

> A porta da verdade estava aberta,
> mas só deixava passar
> meia pessoa de cada vez.
> Assim não era possível atingir toda a verdade,
> porque a meia pessoa que entrava
> só trazia o perfil de meia verdade.
> E sua segunda metade
> voltava igualmente com meio perfil.
> E os meios perfis não coincidiam.
> Arrebentaram a porta. Derrubaram a porta.
> Chegaram ao lugar luminoso
> onde a verdade esplendia seus fogos.
> Era dividida em metades
> diferentes uma da outra.
> Chegou-se a discutir qual a metade mais bela.
> Nenhuma das duas era totalmente bela.
> E carecia optar. Cada um optou conforme
> seu capricho, sua ilusão, sua miopia.

CAPÍTULO 7

# O método científico: a harmonia está em todo lugar

O método científico — A chave para pensar claramente — Inovação e paradigmas — Vida plena — Simplicidade inerente — Por que a causa existe? — Convergência para maior simplicidade — Anomalias.

Meu amigo Celso Calia, um grande especialista da Teoria das Restrições, uma vez me presenteou com o livro *The Choice* (A escolha, em tradução literal), de Eliyahu Goldratt, com a seguinte dedicatória: "*A introjeção de que complexidade e conflito são meramente percepções errôneas nos aproxima da simplicidade inerente através do raciocínio claro, uma das chaves para a vida plena*".

Celso falou de vida plena referindo-se à própria exposição do Dr. Goldratt em *The Choice*, segundo a qual seu objetivo não é ter uma vida fácil, e sim uma vida plena.

No livro, Goldratt apresenta três obstáculos para se pensar claramente:

- a crença de que a realidade é complexa;
- a crença de que o conflito é um fato;
- a tendência a culpar a outra parte.

Segundo Goldratt (2014, p. 55), "similaridades e simetrias surgem do nada, com tamanha frequência, que cientistas esperam e as utilizam. A harmonia está em todo lugar [...]. A harmonia existe por definição".

Vamos explorar como a ciência entende esse mecanismo.

Como intuitivamente reconhecemos que tudo está conectado via relações de causa-efeito, e como na base existem poucos elementos que, por meio dessas relações, impactam o sistema como um todo, a chave para pensar claramente é construir mapas lógicos, partindo das causas e descendo até as causas raízes, perguntando: por que o efeito existe? A dificuldade existe quando surgem entidades que não podem ser verificadas diretamente pelos nossos sentidos. Trata-se de entidades abstratas.

Nessa construção dos mapas lógicos, temos de evitar tautologias. Um exemplo do livro *The Choice*: "*Eles perderam o jogo porque não estavam motivados*". Não estar motivados surge como explicação causal de terem perdido o jogo. E se nos perguntarem como sabemos que não estavam motivados, a resposta mais provável será: "Eles perderam o jogo, não perderam?". A tautologia é a armadilha da lógica circular, que gera relações e conclusões insensatas. O problema é que lógica circular soa correta, o que pode facilitar a continuidade do argumento reforçando um raciocínio ilógico.

Com esse cuidado, vamos nos aprofundar mais no método científico.

Inicialmente, vamos descrever um modelo muito simplificado, extraído de Rubem Alves em seu livro *Filosofia da ciência: introdução ao jogo e suas regras*.

O motor a combustão funciona em decorrência de uma explosão numa câmara fechada, explosão esta que depende de dois fatores: combustível e eletricidade. A explosão produz pressão, que faz movimentar o carro. Portanto, sem gasolina, motor parado; sem eletricidade, motor parado. Temos então dois circuitos a serem explorados.

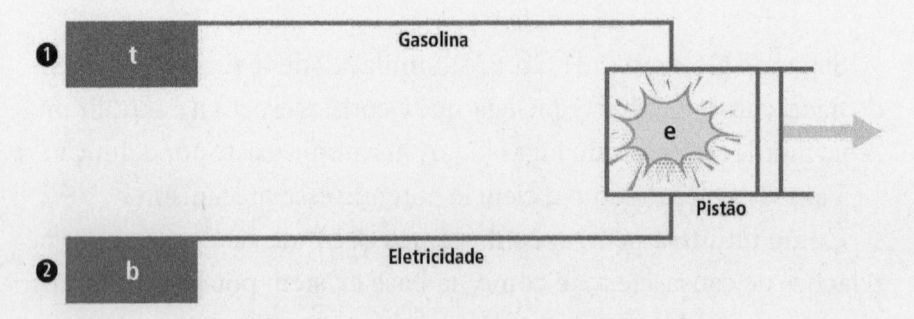

**Figura 10** — Modelo de relações de causa-efeito.

No circuito 1, a gasolina deve sair do tanque *t* e chegar até a câmara onde ocorre a explosão *e*, em virtude da faísca elétrica. No circuito 2, a eletricidade deve ir da bateria *b* até a mesma câmara onde se dá a explosão *e*.

As relações de causa-efeito implícitas no modelo nos permitem elaborar três hipóteses, em caso de uma anomalia, um acontecimento não esperado:

*Hipótese 1: falta gasolina.*
*Hipótese 2: falta eletricidade.*
*Hipótese 3: faltam gasolina e eletricidade.*

Em qualquer dessas situações, o carro para.

Agora vamos fazer o que os cientistas chamam de pesquisa: testar as hipóteses, ou seja, verificar, na prática, quais das construções mentais do defeito é a verdadeira.

Em primeiro lugar, tomamos consciência do modelo e começamos a pensar. Em segundo lugar, recuperamos o modelo conceitual do funcionamento da máquina, mesmo que seja de forma intuitiva e sem pensar, como faria um mecânico. Em terceiro lugar, elaboramos hipóteses sobre o defeito. Por fim, testamos a hipótese para descobrir a causa dele.

Esse simples exemplo nos ajuda a ilustrar o que chamamos de *zona de conforto*. Em uma situação na qual o mecânico tem total conhecimento das relações de causa-efeito do seu objeto de estudo, podemos dizer que ele está em sua *zona de conforto*.

Esse é o caminho que normalmente seguimos na ciência. É assim que procede um médico. Mas um mecânico ou um médico precisam de um plano ideal mental de como funciona o seu modelo. Eles possuem uma receita, que nada mais é do que um conhecimento utilizado como ferramenta.

Num modelo procuramos juntar uma ordem ou um padrão que permitam que se façam previsões. Muitas vezes, para o cientista, o problema é descobrir a ordem por trás da aparente desordem, decifrar um quebra-cabeça sem ter de antemão o modelo que deve montar.

O que é desconhecido? O que devemos procurar? O que devemos encontrar?

Também baseado em Rubem Alves, vamos propor um problema para ilustrar a descoberta de padrões por trás de um contexto apenas aparentemente caótico. A seguir temos um conjunto de sinais, que fazem um sentido perfeito e seguem uma ordenação. Existe uma chave, um código para descobrir o sinal final, a ser colocado na linha pontilhada, e que segue a ordem do modelo.

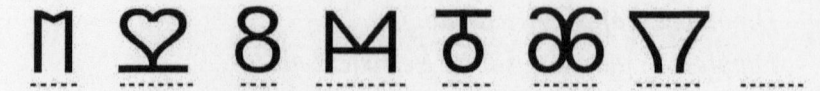

**Figura 11** — Em busca de um padrão.

Para o leitor atento, mais ao final deste capítulo, apresentamos a chave para esse desafio.

Segundo Rubem Alves (1986, p. 33), a inteligência segue o caminho inverso da ação: "O sábio começa no fim; o tolo termina no começo". Os dados nos ajudam a construir uma casa, mas apenas construiremos a casa se tivermos a imagem de um ente ainda inexistente: a casa.

Vamos voltar ao estudo mais conceitual do método científico. Para embasar uma causa, uma vez já tendo um efeito relacionado a ela, precisamos de ao menos mais um efeito decorrente da causa, verificável pela observação.

Em virtude do mecanismo da *simplicidade inerente*, conforme você mergulha nas interações causa-efeito, as causas vão convergindo. Assim, a realidade é governada por poucos elementos.

Convergência significa que cada causa é responsável não apenas por um efeito, mas por mais que um. A *simplicidade inerente* assegura que para cada causa significativa existem pelo menos dois efeitos, e se predizemos um efeito a partir da causa, aumentamos a validade dessa causa. Encontramos a harmonia em todo lugar, pois todo o sistema converge para uma causa.

Podemos entender esse mecanismo visualizando a Figura 12.

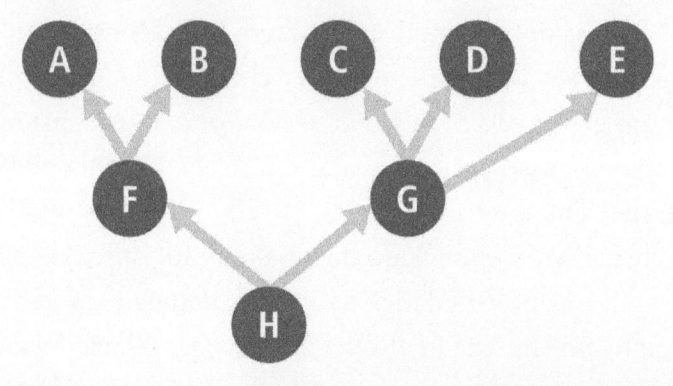

**Figura 12** — O método científico: alcance inicial do paradigma.

A relação de causa-efeito dentro do círculo representa o nível de conhecimento, da teoria ou do paradigma atual do sistema apresentado. Mas como expandimos o nosso sistema de conhecimento?

Como para cada causa precisamos contar com dois ou mais efeitos, podemos expandir nosso paradigma predizendo um ou mais efeitos. Quanto mais efeitos preditos, maior a validade da causa. Porém, se algum efeito não predito aparecer, a teoria poderá ser invalidada.

A Figura 13 ilustra o mecanismo de expansão do nosso conhecimento.

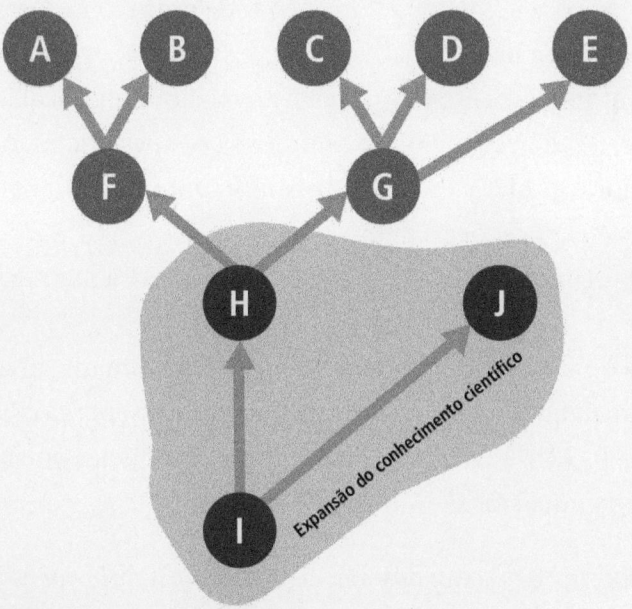

**Figura 13** — Mecanismo de expansão do nosso conhecimento.

Se "I" é causa de "H", então "I" também deve ser causa de "J". Essa hipótese deve ser testada, e, uma vez confirmada, e não ocorrendo nenhum efeito não previsto na teoria, podemos considerar que expandimos o nosso conhecimento em relação à realidade que até então conhecíamos.

Para chegar a um enunciado de uma relação causal, o enunciado precisa conter as propriedades da *universalidade* e da *necessidade*. Por exemplo, no enunciado: *a água apaga o fogo* — não foi com uma chuva, uma vez, um dia, que isso ocorreu. Pela propriedade da *universalidade*, a água apaga o fogo em todos os lugares. A água apaga o fogo necessariamente, e não por acidente.

Dissemos anteriormente que uma ocorrência não prevista pode invalidar toda uma teoria.

Um efeito não previsto pode ser capturado e considerado irrelevante em situações nas quais estamos totalmente mergulhados num paradigma ou quando temos um sistema de crenças que não encontra um terreno fértil em nossa mente para ser desafiado.

Por outro lado, uma mente analítica poderá enxergar esse efeito não previsto para desafiar e reformular toda uma teoria. Grande parte das inovações da humanidade surgiu dessa linha.

A partir do momento em que esse novo paradigma acaba atraindo um número cada vez maior de estudiosos e experiências, o paradigma anterior é gradativamente substituído por um novo conjunto de premissas e explicações.

Dessa forma, o efeito, então anômalo, passa a ser considerado esperado.

Temos de tomar cuidado para não ir pescar com um anzol grande e dizer que naquele rio não tem peixe pequeno. Segundo Rubem Alves (1986, p. 92), "teorias são redes, somente aqueles que as lançam pescarão alguma coisa".

*Resposta ao desafio: os sinais representam a série dos números 1 a 7, todos duplicados de forma simétrica por um espelho, de modo que, do lado esquerdo, encontramos sempre a imagem especular do original. Assim, o símbolo a ser completado é o:*

**Figura 14** — Resposta ao desafio.

CAPÍTULO 8

# Nossa mente voltada às inovações e à quebra de paradigmas

Novos paradigmas — De novo as anomalias — Renovação dos instrumentos — Mais importante que a resposta é a pergunta certa — Newton — Maxwell — Einstein — Kuhn.

À luz do exposto no capítulo anterior, vamos citar agora alguns casos específicos.

Durante décadas, o mundo foi entendido de forma clara e previsível, um espaço absoluto e infinito em todas as direções, com o tempo correndo igual em todo lugar, e a Terra segurando a Lua pela força da gravidade. O genial físico inglês Isaac Newton formulava um mundo de regras claras.

A mudança de paradigma começou a surgir com as equações de James Maxwell. Segundo Newton, a velocidade da luz pode ser somada à velocidade de quem a emite. De acordo com os experimentos e a teoria de Maxwell, a velocidade da luz é constante, e, portanto, a sua velocidade não pode ser somada a nada.

Sendo um físico da época, a quem você daria ouvidos? Incongruências estavam surgindo.

Para Newton, o tempo é constante; o espaço, absoluto; e a luz, variável. Para Maxwell, a velocidade da luz é constante.

Einstein, optando por trabalhar na linha de Maxwell, publicou em 1905 um artigo sobre a Teoria da Relatividade Especial, focando a constância da velocidade da luz e, em consequência, a variação do tempo e do espaço. Afinal, se a luz é constante, as outras entidades precisam ser as variáveis. Essa teoria de Einstein define parte do universo, onde a velocidade da luz é constante.

Ainda faltava introduzir a parte em que há variação de velocidade dos objetos. Essa parte foi definida com a Teoria da Relatividade

Geral, introduzindo o conceito de uma malha de espaço-tempo curva. Assim, não existe uma força mágica atraindo os corpos celestes, mas sim um afundamento do espaço-tempo pelos corpos grandes, atraindo os corpos menores numa vala.

Era necessário validar essa teoria por meio de um experimento, que ocorreu no Brasil e na ilha africana de Príncipe.

A ideia era comparar a posição de uma estrela numa noite normal com a posição da mesma estrela num eclipse solar, quando se poderiam observar as estrelas próximas do Sol e o efeito da massa do Sol sobre essas estrelas. Com o experimento, uma estrela, que, segundo a lei de Newton, estaria escondida atrás do Sol, deveria magicamente aparecer ao seu lado.

O experimento comprovou a hipótese de Einstein e um novo paradigma científico surgiu. Os instrumentos foram renovados para servir a esse novo paradigma.

Vamos explorar outros três casos, que encontramos de forma detalhada nos textos do livro *A estrutura das revoluções científicas*, de Thomas S. Kuhn.

A descoberta dos raios X é o primeiro exemplo que devemos explorar. Ela ocorreu quando o físico Roentgen estava realizando uma investigação sobre os raios catódicos e notou que uma tela de cianeto de platina e bário, colocada a certa distância de sua aparelhagem protetora, brilhava quando se produzia uma descarga. Após aprofundar a investigação, Roentgen identificou que a causa do brilho provinha do tubo de raios catódicos, que a radiação projetava sombras e que não podia ser desviada por um ímã, além de outros aspectos.

A descoberta de Roentgen começou com o reconhecimento de que sua tela brilhava quando não devia. A percepção dessa anomalia foi o prelúdio para a criação dos raios X.

Os astrônomos haviam incorporado o movimento dos planetas esperando um movimento ordenado e tendo o movimento circular das estrelas como referência. O planeta Netuno foi descoberto porque o movimento de Urano não se comportou como os astrônomos esperavam. Os astrônomos o procuraram em lugares onde ele deveria ser encontrado. A variável causadora da anomalia era o planeta Netuno.

A ciência e o conhecimento se iniciam quando alguém faz uma pergunta inteligente, que é o começo da conversa com a natureza. "Se as perguntas não são boas, as respostas não servem para nada", escreveu Rubem Alves.

Temos um ponto importante a considerar. Os seres humanos se sentem bem quando são capazes de produzir as consequências que desejam. Assim, havendo previsibilidade e estabilidade, sentem-se no controle, com o fortalecimento de seus roteiros, suas teorias e suas crenças.

Após a descoberta de Roentgen, o grupo protetor do paradigma e das crenças anteriores, como sempre, entrou em ação. Um físico contemporâneo e um proeminente cientista da Royal Society of London inicialmente consideraram essa descoberta um embuste.

Um exemplo relacionado ao processo perceptivo de nossas mentes também nos ajuda a ilustrar essa questão das expectativas e das anomalias. Numa experiência psicológica, Bruner e Postman pediram que algumas pessoas identificassem uma série de cartas de baralho, após serem expostas a elas durante alguns períodos experimentalmente aplicados com rigor. Mas algumas cartas tinham sido modificadas, por exemplo, um seis de espadas vermelho e um quatro de copas preto.

Cada sequência experimental consistia em mostrar uma única carta a uma pessoa, numa série cuja duração se alongava gradualmente. Depois de cada apresentação, perguntava-se a cada participante o que ele via.

Mesmo nas exposições mais breves, muitos indivíduos identificavam a maioria das cartas. Depois de um pequeno acréscimo no tempo da exposição, todos os entrevistados identificaram todas as cartas, porém as cartas anômalas eram identificadas como normais. Por exemplo, o quatro de copas preto era entendido como o quatro de espadas ou de copas.

As cartas anômalas eram enquadradas no pano de fundo das expectativas e não devidamente identificadas. Conforme iam sendo mais exploradas, com maior frequência, alguns participantes, aos poucos, passaram a hesitar tomar consciência da anomalia, até que, de forma repentina, a maior parte dos participantes, e sem hesitação, tomou consciência da anomalia.

Para cada paradigma, desenvolvemos instrumentos capazes de resolver os problemas advindos dele, tornando mais enraizadas e instrumentadas as crenças nesse paradigma.

O que nos mantém numa *zona de conforto* é o pleno conhecimento das relações de causa-efeito do paradigma e dos instrumentos com que estamos trabalhando, pois temos grande previsibilidade da consequência e do efeito de determinada ação.

A inovação passa por avançarmos além da nossa *zona de conforto*, adentrar numa zona de insegurança, que, após superada, nos levará a um ciclo de aprendizado e, finalmente, de crescimento.

Não podemos enterrar nossos fatos com fatos. Segundo a filosofia da Apple, tenha um alvo fixo, mas *mantenha-se sempre em movimento*.

Esse processo de inovação pode ocorrer sob uma atmosfera de crise. Conforme escreveu Kuhn (1995, p. 105), "o significado das crises consiste exatamente no fato de que indicam que é chegada a ocasião para renovar os instrumentos".

CAPÍTULO 9

# O gênio inventivo

*Metodologias servem para romper limites — A história do raio de calor de Arquimedes — Alan Greenspan — Larry Page — A parábola do burro.*

No contexto deste livro, qual seria o significado desses novos paradigmas, dos instrumentos e das invenções deles decorrentes?

Podemos dizer que o grande benefício é a eliminação de *restrições*. Quanto maior a restrição que uma teoria, uma metodologia ou uma invenção está removendo, maior o poder dessa teoria, dessa metodologia, dessa invenção.

O advento da luz elétrica, por Thomas Alva Edison, mudou o mundo no qual trabalhamos, brincamos, vivemos e morremos. A luz foi o tipo de invenção que "remodelou a face da Terra e o modo pelo qual as pessoas encaravam as possibilidades do mundo" (PHILBIN, 2006, p. 20).

A escrita permitiu que os pensamentos fossem registrados e, a partir de então, fosse possível acumular conhecimento. O automóvel permitiu que as pessoas trabalhassem em locais distantes de sua residência.

Este é o valor de uma inovação, romper *restrições*.

Quando se pensa em limites, é útil relembrar a história de Arquimedes de Siracusa, que nasceu na Magna Grécia em 207 a.C. Arquimedes ficou famoso pela afirmação "Dê-me uma alavanca e um ponto de apoio e moverei o mundo". A história a que nos referimos é sobre o raio de calor de Arquimedes.

Segundo relatos históricos, durante o cerco a Siracusa pelos romanos, entre os anos de 214 a.C. e 212 a.C., Arquimedes destruiu navios inimigos utilizando um tipo de espelho, que teria servido para concentrar a luz solar em embarcações que se aproximavam, levando-as a pegar fogo. A invenção teria sido um ato de resistência desesperado para proteger Siracusa da invasão da esquadra romana.

Apesar de os relatos históricos serem suscetíveis a alterações das narrativas ao longo do tempo, testes realizados por cientistas em universidades, incluindo o Massachusetts Institute of Technology (MIT), nos Estados Unidos, utilizando apenas os materiais disponíveis na época de Arquimedes, demonstram que teria sido possível. Alguns outros experimentos refutaram a possibilidade.

Verdade ou mito, essa história pode nos servir de inspiração. O mundo está cheio de acontecimentos e descobertas retiradas do extremo da nossa capacidade de nos reinventar e inovar, rompendo nossos limites.

Vamos explorar mais alguns exemplos de como pensar diferente para promover a inovação.

Aumentar a velocidade da informação e obtê-la antes dos concorrentes sempre foi um objeto de anseio dos homens. Alan Greenspan, em seu livro *O mapa e o território*, apresentou alguns casos muito interessantes.

Greenspan conta que, no século XIX, o *Journal of Commerce* (EUA) teve a ideia de enviar duas escunas ao mar para interceptar os navios que entravam e obter informações comerciais antes dos mercados. "A informação de escuna era a informação *high-tech* daquela época", relata Greenspan.

Outro exemplo refere-se a quando Samuel F. B. Morse fez a demonstração de um telégrafo comercialmente viável, em 1844. Em uma década, o telégrafo abrangia a maior parte do território americano, porém, estava concentrado na Costa Leste e na Costa Oeste. Restava um imenso vazio no meio do país. No final da década de 1850, ainda era necessária uma combinação de telégrafo e carruagem para levar uma mensagem de uma costa à outra, consumindo mais de três semanas para a entrega se efetivar. Dois paradigmas totalmente distintos convivendo de forma temporária.

Quando em alguns anos se completou a ligação do telégrafo transcontinental, o encurtamento do tempo completo de comunicação entre uma costa e outra foi abrupto, e o prazo passou de várias semanas a questão de minutos, trazendo à tona uma nova realidade, tanto para quem embarcava no novo paradigma como para quem estava ambientado e enraizado no paradigma anterior.

Às vezes os *insights* e as inovações levam décadas para serem aproveitados. Mesmo porque temos de superar as crenças, procedimentos e o sistema de reforço que mantém o antigo paradigma até que novas regras e um novo sistema de reforço atuem para incorporar o novo paradigma. Os paradigmas são formas de atenção seletiva que procuram excluir o que não combina e incluir o que lhes faz sentido, mesmo que não seja necessariamente verdadeiro.

Os bancos há muito tempo já dispõem de todas as condições para conectar, por meio da tecnologia, seus clientes com suas contas-correntes. Entretanto, muitos clientes ainda realizam certas transações em suas agências fisicamente, o que se tornou desnecessário considerando a tecnologia presente. Apenas muito recentemente temos observado, de modo gradual, a eliminação de agências bancárias da vida dos correntistas.

Passaram-se quatro décadas, desde a iluminação do sul de Manhattan em 1882, para que metade das fábricas americanas fosse eletrificada. Segundo Greenspan,

> [...] a energia elétrica só exibiu plenamente a sua superioridade em relação à energia a vapor quando toda uma geração de fábricas de vários andares foi substituída, depois da Primeira Guerra Mundial [...] grande parte do nível de produtividade de hoje se baseia em insights que foram gerados décadas atrás mas não puderam ser capitalizados até que outros insights facilitassem sua integração. (GREENSPAN, 2013, p. 159)

Isso ocorre porque temos de captar e incorporar os conceitos subjacentes, mas também precisamos desenvolver e conectar as ferramentas.

Quem se especializa e se prende a um paradigma, num mundo de rápidas mudanças, pode perder relevância. O mundo precisa de invenções e de criação, pois o capitalismo está baseado na geração de excedentes, no mecanismo de destruição criativa e na obsolescência de antigos padrões. E não permite paternalismo com o obsoleto. Temos de sobreviver à natureza e às condições impostas pelos homens. Há uma coexistência entre racionalidade e irracionalidade humanas. Há uma constante oscilação entre medo e euforia.

Tudo isso transcorre simultaneamente a um processo contínuo de encadeamento de conflitos. A incerteza é uma constante e premissa em nossas vidas. O que nos trouxe até aqui não é, necessariamente, o que nos levará adiante.

Antigamente, chaminés e poluição eram sinal de progresso. Mais um exemplo de que as nossas crenças são relativas e podem ser passageiras. A questão "o que é evoluir?" torna-se muito relevante e ainda não foi adequada e consensualmente respondida até o momento. Vale sempre a pena perguntar: *O que estamos fazendo?*

Parafraseando Larry Page, um dos fundadores do Google, você tem de ser um pouco insensato a respeito dos objetivos que vai estabelecer e ter um desrespeito saudável pelo impossível.

Trazendo para o prático e imediato, em nossas empresas, carreiras e em nossas vidas: se utilizarmos o quadro mental e metodológico correto, com uma boa dose de inspiração, nossas oportunidades serão muitas, pois o estoque de conflitos da humanidade é grande. Existem muitos conflitos a serem resolvidos, muitas incertezas, muitos medos e muitas euforias. Grandes saltos de melhoria vêm dos conflitos resolvidos, e o modelo mental pelo qual enxergamos o mundo é a variável que, individualmente, podemos administrar.

Para encerrar este capítulo, reproduzimos a seguir uma parábola bem ilustrativa para os pontos expostos e para a questão do modelo mental proposto, "A parábola do burro".

*Um dia, o burro de um camponês caiu num poço. O animal zurrou, insistentemente, durante horas, enquanto o dono tentava descobrir, esforçadamente, mas sem êxito, alguma forma de conseguir tirá-lo de lá.*

*Finalmente, o camponês desistiu dos seus esforços infrutíferos e decidiu que, dado que o animal já estava velho, o poço estava seco e necessitava ser tapado, realmente não valia a pena resgatar o burro, e o melhor seria mesmo soterrá-lo. Convidou os seus vizinhos para que viessem ajudá-lo. Todos pegaram as suas pás e começaram a lançar terra ao poço.*

*O burro se deu conta do que estava acontecendo e chorou (zurrou), desconsoladamente. Logo, para surpresa geral, o burro deixou de zurrar... Depois de mais umas quantas pazadas de terra, o camponês espreitou, finalmente, para o fundo do poço e surpreendeu-se com o que viu. Com cada pazada de terra, o burro estava a fazer algo incrível.*

*Sacudia-se da terra e dava um passo para cima... Enquanto os vizinhos iam lançando mais e mais terra para cima do animal, ele ia-se sacudindo e lá ia subindo, pazada a pazada! Depressa todos puderam surpreender-se como o burro chegou até a boca do poço, passou por cima do bordo e saiu a trotar, alegremente.*

CAPÍTULO 10

# Criatividade

Insights — Salto cognitivo — O problema da vela, da caixa de fósforo e das tachinhas — O problema de Charlie — O problema do prisioneiro e da corda — Um problema sem solução é um problema mal formulado — Kevin Ashton — Karl Duncker.

Neste capítulo vamos discutir mais sobre a questão dos modelos mentais e das ideias preconcebidas. Para isso, vamos fazer um exercício de imaginação.

Você está numa sala com uma porta de madeira. Na sala você encontra uma vela, uma cartela de fósforos e uma caixa de tachinhas. Como seria possível prender a vela à porta, utilizando apenas essas coisas, de modo que possa acendê-la, deixá-la queimar normalmente e criar uma luz que sirva para ler?

Esse exercício, assim como outros, é proposto por Kevin Ashton em seu livro *A história secreta da criatividade*.

Em geral, as pessoas pensam em três soluções. Uma primeira solução seria derreter parte da vela e utilizar a cera derretida para grudar a vela à porta. Outra solução seria prender a vela à porta com as tachinhas. Ambas as soluções podem funcionar, mas não muito bem. A terceira solução, mais eficiente e que só ocorre para a minoria, é esvaziar a caixa de tachinhas, prendê-la na porta com a tachinha e usar a caixa para sustentar a vela.

Esta última solução tem uma característica que as outras não têm: um dos materiais, a caixa, é usado para um propósito diferente de sua finalidade inicial. Em algum momento, ocorre um desprendimento, quando a pessoa que está solucionando o problema deixa de vê-la como um objeto para guardar as tachinhas e começa a vê-la como algo para segurar a vela.

Essa mudança de leitura é o que chamamos normalmente de *insight*, uma clareza súbita na mente, a partir da qual desvendamos cenários diferentes e damos um salto cognitivo.

Temos vários exemplos de situações com outros problemas, previamente elaborados por psicólogos.

Uma das situações que nos ajuda a explorar o assunto dos *insights* é chamada de *Problema de Charlie*: Dan chega em casa certa noite depois do trabalho. Abre a porta e entra na sala. Vê Charlie morto no chão. Existe água no chão, além de alguns pedaços de vidro. Tom também está na sala. Dan olha rapidamente a cena e sabe de imediato o que aconteceu. Como Charlie morreu?

Outra situação é o denominado *Problema do prisioneiro e da corda*: um prisioneiro tentava escapar de uma torre. Encontrou na cela uma corda que tinha metade do tamanho para chegar ao chão em segurança. Dividiu a corda ao meio, amarrou as duas partes e escapou. Como pode ter feito isso?

Todos são resolvidos do mesmo modo: mudando o foco intuitivo que estamos predispostos a usar. Charlie não é uma pessoa, e sim um peixe. Tom não é uma pessoa, e sim um gato. Tom derrubou o aquário de Charlie e Charlie morreu. O prisioneiro não "dividiu" a corda no meio no sentido do comprimento, como imaginamos naturalmente, e sim da largura.

Cientificamente falando, Ashton embasou sua análise no trabalho do psicólogo alemão Karl Duncker, na década de 1940, a partir da monografia intitulada *On Problem Solving*, que foi considerada uma revolução e uma transformação no entendimento da ciência do cérebro, conhecida por "revolução cognitiva".

O método de Duncker consistia em dar problemas às pessoas, solicitando que elas pensassem em voz alta enquanto tentavam solucioná-los, apreendendo, dessa forma, a estrutura do pensamento dessas pessoas. A pergunta que Duncker se fazia era: de que modo uma solução significativa pode ser encontrada?

Após o estabelecimento de uma série de experimentos, uma das conclusões de Duncker foi: "Se uma situação é introduzida em certa estrutura perceptiva, o pensamento alcança uma estrutura contrária somente vencendo a resistência da estrutura anterior". Ou, ideias antigas obstruem as novas.

Muitas vezes avançamos quando fazemos a pergunta certa. A pergunta certa é muito mais importante que a resposta. Um problema sem solução pode ser um problema mal formulado. Se estamos diante de um problema ou de um dilema, ajuda perguntar: que pergunta eu tenho de fazer para resolver este dilema?

CAPÍTULO 11

# Antifragilidade

Como se beneficiar com o caos — Domesticação da aleatoriedade e da incerteza — Cisnes brancos e cisnes negros — A história do peru.

Ocorrências relevantes e inesperadas ocorrem de tempos em tempos e provocam grandes impactos em nossa vida. Vivemos num contexto de aleatoriedade e de incerteza, e se soubermos domesticar a aleatoriedade e a incerteza usando a antifragilidade — conceito apresentado por Nassim Taleb em seus livros *A lógica do Cisne Negro* e *Antifrágil* —, iremos nos fortalecer e nos posicionar de forma bastante vantajosa quando elas acontecerem.

De fato, tivemos uma ocorrência bastante marcante recentemente, que foi a pandemia de coronavírus a partir de 2019. Novos modelos de negócios e novos hábitos surgiram, e o equilíbrio de forças econômicas e sociais se modificou de forma relevante, impulsionando alguns e prejudicando ou enfraquecendo outros modelos de negócios. Os livros de Nassim Taleb já haviam sido escritos quando do advento da pandemia.

Nem mesmo o Fórum Econômico Mundial, organização independente localizada em Genebra, Suíça, com o propósito de organizar debates sobre economia e outros temas relevantes para o planeta, em seu documento *Global Risks Report*, edição 2020, havia considerado relevante o risco de pandemia. No relatório, o risco de doenças infecciosas não constava nem entre as dez maiores probabilidades, estando ranqueado apenas como o décimo risco em impactos que poderia ocasionar.

Taleb escreve que:

> [...] algumas coisas se beneficiam dos impactos; elas prosperam e crescem quando são expostas à volatilidade, ao acaso, à

> desordem e aos agentes estressores [...] no entanto, apesar da onipresença do fenômeno, não existe uma palavra para designar exatamente o oposto de frágil. Vamos chamá-lo de antifrágil. (TALEB, 2014, p. 21)

Segundo o autor:

> [...] o tempo é funcionalmente semelhante à volatilidade: quanto mais tempo, mais acontecimentos, mais desordem. Considere que, se você sofrer danos limitados e se mostrar antifrágil diante de pequenos erros, o tempo trará tipos de erros ou erros reversos que acabarão sendo benéficos [...]. A fragilidade é perdida com o tempo. (TALEB, 2014, p. 34)

Ser antifrágil, portanto, é saber prosperar com o oposto, os fatores estressores, o inesperado, o imprevisto, a variabilidade e os erros do tempo. A fragilidade não aprecia a volatilidade e a aleatoriedade. A antifragilidade se aproveita e cresce com isso tudo. A privação e a proteção de agentes estressores nos prejudicam. A adversidade é, para o futuro, uma oportunidade.

À luz desses conceitos, segue uma diretriz de grande valia: nunca devemos destruir por completo a oposição. O contraponto é fundamental, pois nos ajuda a refinar as nossas teses e as nossas competências.

Se conquistarmos e desenvolvermos competências para nos aproveitar das situações dessa maneira, iremos nos posicionar numa situação bastante vantajosa.

Consideremos, por exemplo, a questão dos nossos músculos. É aplicando uma força estressora opositora que eles se desenvolvem. É se expondo a situações de contato com a natureza e com microrganismos que nosso sistema imunológico se fortalece.

De forma coerente com esse conceito, em muitas correntes empresariais atuais, o erro não deve ser um aspecto da lógica empresarial a ser totalmente condenado. Se ocorrer no momento correto (por exemplo, num processo de inovação), o erro permite aprender lições e nos torna — e às nossas instituições — resilientes a ele. Assim nos fortalecemos, encontramos novas visões e caminhos.

Não ser intolerante com o erro, mas construir resiliência a partir dele, é o conceito por trás do exposto neste capítulo. O fracasso nos ensina mais que o sucesso, se soubermos fazer a leitura certa e o incorporarmos ao nosso aprendizado.

Muitas vezes o problema não é o ocorrido indesejável em si, mas a forma como este é tratado. Em muitas situações, temos como reverter os efeitos negativos a nosso favor e transformá-los em consequências positivas. Depende muito da forma como capitalizamos o ocorrido, reforçando o problema ou, por outro lado, tirando proveito dele. Citamos a seguir um exemplo real.

No restaurante Hawksmoor Group, especializado em carnes nobres, situado em Manchester, Inglaterra, uma garçonete serviu por engano uma garrafa de vinho trocada, cujo preço era dez vezes maior, causando um enorme prejuízo ao dono do estabelecimento. Em face do equívoco da garçonete, o próprio restaurante postou no Twitter, desculpando a funcionária: "Aos clientes que beberam acidentalmente um Chateau Le Pin Pomerol 2001 na noite passada, esperamos que tenham aproveitado. À funcionária que entregou a garrafa acidentalmente, levante a cabeça! Acidentes acontecem e nós a amamos".

Como o leitor verá mais adiante no capítulo sobre a visão tripartite, para Taleb, qualquer coisa que importa pode ser mapeada ou classificada em três categorias. Nessa linha, ele introduz seu conceito de *tríade*: *frágil, robusto, antifrágil*.

O *frágil* deseja a tranquilidade, o *antifrágil* cresce com a desordem e o *robusto* não se importa muito. Assim, ele apresenta um caminho para nos afastarmos da fragilidade e alcançarmos um posicionamento mais desejável, de acordo com a sua teoria, que seria a *antifragilidade*.

Para melhor entendimento, reproduzimos parcialmente um mapa desenvolvido por Taleb com a aplicação da tríade em algumas áreas do conhecimento e da prática humana.

| Tabela 1 – Exemplos dos tipos de exposição da tríade de Taleb. | | | |
|---|---|---|---|
| | **FRÁGIL** | **ROBUSTO** | **ANTIFRÁGIL** |
| **Erros** | Odeia erros. | Os erros são apenas uma informação. | Aprecia os erros (desde que sejam pequenos). |
| **Regulação** | Regras. | Princípio. | Virtudes. |
| **Conhecimento** | Explícito. | Tácito. | Tácito com convexidade. |
| **Vida e pensamento** | Turista, pessoal e intelectual. | | Flanador com uma enorme biblioteca particular. |
| **Conhecimento** | Academia. | Perícia. | Erudição. |
| **Bem-estar psicológico** | Estresse pós-traumático. | | Crescimento pós-traumático. |
| **Vica econômica** | Burocratas. | | Empreendedores. |
| **Reputação (profissão)** | Acadêmico, executivo, papa, bispo, político. | Funcionário dos correios, motorista de caminhão, maquinista de trem. | Artista, escritor. |
| **Finanças** | Dívida. | Equidade. | Capital de risco. |
| **Treinamento físico** | Esportes organizados, aparelhos de ginástica. | | Brigas na rua. |

De acordo com o mapa e o conceito, para tornar-se *antifrágil*, coloque-se na situação de *apreciar os erros*, que está à direita de *odiar os erros*, fazendo-os (os erros) numerosos e pequenos no sentido do dano potencial.

O termo *Cisne Negro* é utilizado para significar as ocorrências imprevisíveis. Podemos estar diante de inúmeros cisnes brancos (com minúscula), mas pode surgir de repente um Cisne Negro.

Esse conceito pode ser ilustrado por meio de uma alegoria muito descontraída:

> Imagine um peru que é alimentado diariamente. Cada refeição servida reforçará a crença do pássaro de que a regra geral da vida é ser alimentado diariamente por membros amigáveis da raça humana que "zelam por seu melhor interesse", como diria um político. Na tarde da quarta-feira que antecede o Dia de Ação de Graças, algo inesperado acontecerá ao peru. Ele estará sujeito a uma revisão de suas crenças. (TALEB, 2008, p. 73)

O capitão do navio *Titanic*, E. J. Smith, fez a seguinte declaração:

> Em toda a minha experiência nunca estive em nenhum acidente... de qualquer tipo digno de menção. Só vi uma única embarcação em perigo em todos os meus anos no mar. Nunca vi um naufrágio nem nunca naufraguei, tampouco enfrentei qualquer contratempo que ameaçasse terminar em qualquer tipo de desastre. (TALEB, 2008, p. 76)

Não temos como assegurar que o sol vai nascer amanhã. O fato de ele já ter nascido milhares e milhares de vezes não permite que se conclua, logicamente, que ele nascerá sempre. Como escreveu Rubem Alves,

> [...] é sempre possível que um Deus criador destrua todo o universo, ou que uma explosão acabe com ele, ou que haja uma guerra atômica que transforme a Terra num monte de asteroides. No entanto, o teorema de Pitágoras permanecerá válido para sempre, ainda que os deuses não queiram, ainda que o universo acabe. (ALVES, 1981, p. 118)

A xícara de café, teoricamente, poderia pular se todas as partículas pulassem na mesma direção. Isso é extremamente improvável que ocorra, mas, na teoria, pode ocorrer.

Cisnes Negros podem demorar a ocorrer, mas quando ocorrem causam grandes impactos. O *antifrágil* aprecia os Cisnes Negros, ou seja, o imprevisível, a aleatoriedade, pois se abre um espaço para a criação, para a inovação, espaço esse não aproveitado pelos agentes que estavam prevendo apenas a ocorrência de cisnes brancos.

O *antifrágil* se aproveita dos erros e dos acontecimentos para se tornar mais resiliente, mais *antifrágil* ainda.

Taleb (2014, p. 54) utiliza um exemplo da mitologia grega para explicar o conceito de *antifrágil*: "Hidra, na mitologia grega, é uma criatura similar a uma serpente que habita o lago de Lerna, perto de Argos, e tem inúmeras cabeças. Cada vez que uma delas é cortada, duas voltam a crescer [...]. A hidra representa a antifragilidade".

Trazendo para um exemplo prático de mercado, a aviação representa um segmento antifrágil. A cada erro identificado, infelizmente, às vezes, à custa de muitas vidas, ela se fortalece e pode oferecer mais segurança a seus clientes.

A própria evolução ocorre por meio de mecanismos estressores, com a tensão entre a natureza e os organismos individuais. De fato, a natureza aprecia a diversidade entre os organismos, em vez de um organismo imortal.

Empresas com fundamentos muito sólidos e robustos podem quebrar, exatamente por conta desses fundamentos. Isso pode ocorrer porque é justamente o sucesso que nos mantém presos às nossas crenças, e quando as premissas no tempo das quais esse sucesso foi obtido não forem mais válidas, essas empresas demorarão para enxergar as mudanças que alteraram a lógica de negócio. E, por terem desenvolvido um sistema interno de autorreforço e de autojustificação de suas decisões, não conseguem implementar as condições básicas para a mudança. Um exemplo clássico no mundo acadêmico, já citado anteriormente, é o caso da Kodak. Foi o seu sucesso no mercado de filmes fotográficos que a impediu de enxergar de forma diferenciada, para atuar de modo diferente num mercado que estava passando por mudanças.

Para evitarmos situações como essas, que a todo e qualquer momento permeiam nossas vidas, é importante buscarmos outra forma de escalarmos o conhecimento.

É mais fácil dizer o que não funciona do que o que funciona, porém, não podemos confundir aquilo que não funciona com aquilo que não conhecemos. É certo que não sabemos o que saberemos, por isso, o mundo tem de ser enxergado como uma jornada.

Para Taleb, o que não sabemos é mais importante do que o que sabemos. Livros lidos são menos valiosos que os não lidos ainda. Assim, devemos formar uma "antibiblioteca": "superestimamos o que sabemos e subestimamos a incerteza por meio da compressão da faixa de estados incertos possíveis, ou seja, reduzindo o espaço do desconhecido".

Steve Jobs dizia estar orgulhoso tanto das coisas que tinha feito quanto das que não tinha feito. Inovação também é dizer não a muitas coisas.

Devemos nos posicionar em situações assimétricas e não lineares. Assimetria significa nos colocar em situações de risco, nas quais, se perdermos, perderemos pouco ou teremos perdas limitadas, e, se ganharmos, ganharemos mais ou teremos ganhos ilimitados. Trabalhar na construção de estratégias em que teremos mais a ganhar do que a perder. O risco é intrínseco às nossas atividades. Incorremos em riscos tomando decisões e fazendo coisas, como também não fazendo.

A não ação também é um ato de determinação. Quantos heróis existem por não terem feito algo? Na Guerra Fria, por exemplo, quantos botões deixaram de ser apertados, mesmo que as regras, procedimentos e ambições direcionassem para isso?

Construir flexibilidade para a sua empresa é o grande papel do CEO. Não sabemos qual será o futuro. Mas, qualquer que seja, se nos momentos decisivos tivermos flexibilidade para poder optar por alternativas diversas e tivermos construído condições estratégicas e acumulado recursos e capitais para seguir o caminho que acharmos adequado, teremos construído uma organização ou uma carreira forte e sustentável. A opção é um agente da *antifragilidade*.

Cisnes Negros são inesperados, porém plenamente identificados e explicados na história. De fato, conforme Kierkegaard (Diário 1834-

1855), "a vida pode ser vivida olhando-se para a frente, mas só pode ser compreendida olhando-se para trás".

A incerteza permeia nossos pensamentos, decisões e projeções do futuro, mas temos como qualificá-los adequadamente por meio da abordagem correta, desafiando, inclusive, o que pensamos conhecer ou não:

> O conhecimento negativo (o que é errado, o que não funciona) é mais robusto a erros do que o conhecimento positivo (o que é certo, o que funciona). Assim, o conhecimento cresce por subtração, muito mais do que pelo acréscimo — considerando-se que o que conhecemos hoje pode vir a se mostrar errado, mas o que sabemos ser errado não pode se revelar certo, pelo menos não com tanta facilidade. Se eu detectar um cisne negro (com letras minúsculas), posso estar praticamente certo que a afirmação "todos os cisnes são brancos" está errada. Mas, mesmo que eu nunca tenha visto um cisne negro, nunca poderei assegurar que tal afirmação é verdadeira. (TALEB, 2014, p. 386)

Ao concluir este capítulo, voltamos a reforçar que a diversidade, a volatilidade, os contrapontos e as anomalias são de fundamental importância para nossas empresas e para nossas carreiras, individualmente. Pensar claramente passa por incorporar essas condições de forma positiva em nossas vidas, afinal, *evitar pequenos erros faz com que os grandes sejam piores.*

CAPÍTULO 12

# Fluxo, tempo e o fluxo do tempo

Tudo que se move deseja alcançar um objetivo — Quanto mais as coisas mudam, mais importante o essencial se torna — O tempo é a variável mais importante a ser administrada — Ritmo — Heráclito — Protágoras — Parmênides — Santo Agostinho.

Segundo Heráclito de Éfeso (filósofo pré-socrático que viveu aproximadamente entre 500 a.C. e 450 a.C.), o mundo e a natureza estão em constante movimento. É atribuída a ele a declaração de que ninguém pode entrar duas vezes no mesmo rio, pois quando nele se entra novamente não se encontram as mesmas águas, e o próprio ser já se modificou.

Também para Protágoras, outro filósofo grego contemporâneo de Heráclito, boa parte do nosso mundo é movida pelo movimento e pela impermanência.

Ainda aproveitando a arena dos pensamentos filosóficos dos gregos, por outro lado, para o filósofo Parmênides, contemporâneo dos anteriores, "o que é essencial não muda".

Essas visões corroboram a dinâmica atual do nosso mundo, em que fatos, acontecimentos, metodologias e tecnologias estão num ritmo frenético de mudanças, muitas delas vindo de dentro de nossas organizações. Entretanto, quanto mais rápidas essas mudanças, mais o essencial se torna importante.

O essencial refere-se à construção de uma cultura de motivação, de engajamento, de organização, de planejamento, de insights dignos de gerar a inovação ou a mudança necessária para nos manter relevantes na carreira e conservar a relevância de nossas empresas no mercado.

O grande desafio da nossa época é nos manter relevantes e não permitir que nossas expertises e diferenciais competitivos, seja como profissionais, seja como empresas, deixem de ser atraentes para a lógica de mercado.

Como responsáveis pelas organizações ou pelas nossas carreiras dentro delas, precisamos nos manter em sintonia e, se possível, antecipar-nos a essas transformações, com agilidade e competência, para nos inserirmos na nova lógica e nas ferramentas que essa nova lógica nos traz, ou mesmo criarmos novos paradigmas.

De todas as variáveis que impactam as regras e o jogo organizacional, a variável mais importante a ser gerenciada é o *tempo*. O tempo é a única realidade verdadeiramente rara, ninguém pode produzi-lo, vendê-lo ou estocá-lo.

A Teoria das Restrições, do Dr. Goldratt, deposita a máxima importância na administração da variável tempo. Segundo ela, por exemplo, quando um equipamento considerado gargalo em uma linha de produção está parado, está consumindo tempo de produção, pois é esse equipamento que rege a capacidade e o fluxo da linha de produção. Para a Teoria das Restrições, um minuto ganho num gargalo é um minuto ganho no processo como um todo. Quando um equipamento gargalo quebra, o que se perde é tempo.

Quando Goldratt fala em proteger a *restrição*, ele fala em um pulmão de tempo para essa proteção. Ou seja, um equipamento gargalo, por exemplo, deve ter um pulmão de materiais medido em tempo, para que não falte ou coloque em risco a continuidade do processamento desse equipamento. Com essa prática, a Teoria das Restrições propõe um formato de gestão para se administrar a variabilidade do tempo.

A vazão de um rio é medida por $m^3/s$. Nossa velocidade nas estradas é medida em km/hora. Um corredor olímpico corre 100 metros em determinados segundos. O conceito por trás é que o tempo desperdiçado não pode ser recuperado. O tempo é uma variável irrecuperável e sua administração é importante para que o fluxo e o movimento que permeiam as atividades humanas transcorram adequadamente, sem acúmulos ou obstruções.

De acordo com Santo Agostinho, "tudo que se move deseja alcançar um objetivo". Os sistemas ou grupos que construímos, com a agregação de nossas individualidades, competências e personalidades, também assumem vontade própria, também desejam alcançar um objetivo. Devemos permitir que as coisas fluam, pois tudo se move em direção a um objetivo.

Por exemplo, se sou responsável por processar uma determinada quantidade de informações, revisá-las, transformá-las e entregá-las para que sejam utilizadas em suas finalidades, tenho de estabelecer um ritmo e uma cadência em que a quantidade necessária de informações seja processada adequadamente num determinado período de tempo. O ritmo estabelecido no tempo deve permitir o fluxo de entrada, processamento e saída.

Tudo isso para manter o fluxo adequado, pois tudo está em movimento. Quanto maior o fluxo, maiores a eficiência, a eficácia e a harmonia em nossos processos e em nossas empresas.

Devemos permitir que nossos atos e movimentos fluam para que os objetivos se realizem, um atrás do outro. E o fluxo é medido pela variável tempo.

Neste ponto, vale a pena ressaltar a seguinte mensagem:

> [...] o tempo é funcionalmente semelhante à volatilidade: quanto mais tempo, mais acontecimentos, mais desordem [...] o tempo trará tipos de erros ou erros reversos que acabarão sendo benéficos [...]. A fragilidade é perdida com o tempo. (TALEB, 2014, p. 84)

CAPÍTULO 13

# O lado da emoção

Escuta ativa — Empatia — Método da Coluna Esquerda — Inteligência emocional — A emoção tem de ser direcionada antes da razão.

Falamos anteriormente de como podemos tratar cientificamente alguns problemas e como funciona a abordagem científica para a expansão de limites e renovação de paradigmas.

Neste capítulo, vamos explorar o aspecto emocional, propondo a discussão de uma técnica conhecida como Método da Coluna Esquerda, que consta em diversos livros da área de gestão, como em Chris Argyris e Peter Senge, já mencionados neste livro.

O Método da Coluna Esquerda nos permite exercitar nossa empatia e entender como operam nossos modelos mentais aliados à emoção, o que nos leva a relacionamentos mais eficazes.

De modo geral, nas situações do dia a dia em que desejamos obter de outros alinhamento e engajamento, temos de tratar primeiramente a emoção e depois a razão.

Vencer emoções negativas fortes, em estado agudo, apresentando argumentos lógicos racionais, é bastante difícil. A emoção tem de ser tratada com emoção, temos de permitir que ela flua, que complete o seu ciclo, que realize o seu "luto", para que aos poucos outras emoções mais positivas gradativamente venham substituir as emoções negativas que queremos minimizar e a mente se abra ao novo, ao outro ponto, ao outro lado, à positividade que queremos instaurar.

Para isso, o exercício da *escuta ativa* — a arte de ouvir com atenção e sem preconceitos — é fundamental, assim como o exercício da nossa habilidade de conquistar empatia.

Empatia pode ser definida como a capacidade de compreender emocionalmente outra pessoa, entender o que ela está sentindo, colocar-se em sintonia com as emoções do outro.

Após estudarmos o Método da Coluna Esquerda, entenderemos que empatia é a prática do que esse método propõe, que pressupõe escuta ativa, sendo também uma das bases da *inteligência emocional*, conceito que discutiremos mais adiante.

De fato, escuta ativa é exercitar o lado esquerdo. Empatia é exercitar o lado esquerdo. Exercitar o lado esquerdo se trata de aprimorar a nossa habilidade de obter no explícito o tácito.

É um método intuitivo e que se desenvolve no nível mental. Para tornar mais claro, descrevemos a seguir o que seria um diálogo mental hipotético, seguindo esse método. Este diálogo foi extraído do livro *A quinta disciplina*.

Diálogo original:

*Eu: Como foi a apresentação?*
*Bill: Não sei lhe dizer. Ainda é cedo para saber. Além do mais, estamos mexendo com coisas totalmente novas.*
*Eu: O que acha que deveríamos fazer? Acho que as questões que você levantou são importantes.*
*Bill: Não tenho certeza. Vamos esperar para ver o que acontece.*
*Eu: Talvez você tenha razão, mas acho que deveríamos fazer algo mais do que simplesmente sentar e esperar.*

Diálogo acompanhado da "coluna esquerda" (com algumas adaptações em relação ao livro):

Tabela 2 – Diálogo hipotético sobre o método da coluna esquerda

| O que eu interpreto | O que é verbalizado |
|---|---|
| Estão dizendo que a apresentação não foi boa. | Eu: Como foi a apresentação? |
| Será que não sabe mesmo que foi ruim? Ou não consegue admitir? | Bill: Não sei lhe dizer. Ainda é cedo para saber. Além do mais, estamos mexendo com coisas. |
| O caso é que ele tem medo da verdade. Com mais autoconfiança, poderia aprender com esta situação. | Eu: O que acha que deveríamos fazer? Acho que as questões que você levantou são importantes. |

(continua)

(continuação)

| Ele não percebe como a apresentação foi ruim. | Bill: Não tenho tanta certeza. Vamos esperar para ver o que acontece. |
|---|---|
| Preciso encontrar uma maneira de estimular o Bill. | Eu: Talvez você tenha razão, mas acho que deveríamos fazer algo mais do que simplesmente sentar e esperar. |

O desenvolvimento da habilidade de detecção e apreensão das emoções por trás da cortina objetiva que chega à nossa percepção, ou seja, da nossa habilidade de sermos empáticos, direcionada e utilizada para os propósitos corretos, leva-nos a uma conexão muito maior com a realidade, com os fatos tácitos, reduzindo as lacunas cognitivas em nossas relações interpessoais.

Podemos utilizar a energia emocional de que dispomos a favor dos nossos propósitos, pessoais e do grupo. É como a energia das ondas, da qual o surfista utiliza a sua força e se aproveita dela para desenvolver a sua arte. Para o surfista, a onda é uma amiga, e não uma força inimiga.

Os assuntos a serem abordados no próximo capítulo são pré-requisitos para o Método da Coluna Esquerda, e, já adiantando, o desenvolvimento do autoconhecimento e da inteligência emocional é de fundamental importância para o aprimoramento da qualidade dos nossos pensamentos e das nossas relações interpessoais, lembrando que qualquer grau de avanço na qualidade dos nossos pensamentos gerará um avanço significativo na conquista dos resultados que queremos obter.

A qualidade dos pensamentos está na raiz de tudo o que segue adiante.

CAPÍTULO 14

# Autoconhecimento, inteligência emocional e diversidade

Autoconhecimento — Sinceridade consigo mesmo — Inteligência emocional — Autoestima — Autoconfiança — Janela de Johari — Diversidade como tijolos básicos de construção do ser humano — Daniel Goleman — Carl R. Rogers — Eduard Spranger.

Inteligência emocional é uma abordagem difundida originalmente por Daniel Goleman, trazendo à administração a importância de as pessoas possuírem uma estrutura emocional adequada para experienciarem conflitos e imprevisibilidades.

Um alto grau de inteligência emocional permite obter melhores resultados, mesmo que outras características (como conhecimento técnico e experiência, por exemplo) não sejam bem desenvolvidas ou não estejam à altura do papel que se exige de determinada pessoa num determinado momento.

Os principais pilares da abordagem de Goleman são os seguintes, sendo os três primeiros pessoais, e os dois últimos, interpessoais.

- **Autoconhecimento emocional**: capacidade de reconhecer as próprias emoções, sentimentos e motivadores quando ocorrem, assim como o seu efeito em outros.
- **Controle emocional**: lidar com os próprios sentimentos, adequando-os a cada situação vivida, por exemplo, pensar antes de agir com a emoção.
- **Automotivação**: dirigir as emoções a serviço de um objetivo ou realização pessoal; propensão a perseguir metas com energia e persistência.
- **Empatia**: reconhecimento de emoções em outras pessoas, tratando-as de acordo com sua reação emocional.

- **Habilidade em relacionamentos interpessoais:** interação com outros indivíduos utilizando competências sociais; habilidade em desenvolver altos níveis de confiança e de construir redes de relacionamento.

Com essas habilidades bem desenvolvidas, o profissional terá uma alta capacidade de lidar com problemas, de resistir a pressões (resiliência), de desafiar e superar obstáculos e de adaptar-se a mudanças. Essas características compõem o conceito de resiliência — quando encontradas em conjunto na personalidade de um indivíduo —, um conceito muito valorizado atualmente nos profissionais em seu ambiente empresarial.

Nessa lista de predicados, o autoconhecimento se destaca com veemência. Autoconhecimento significa saber como funcionamos, o que mais nos afeta e como nos afeta, em quais situações isso ocorre, como reagimos — bem ou mal.

Autoconhecimento é o alicerce em que nossos conceitos, pensamentos e atitudes serão construídos. Bem desenvolvido, permite que identifiquemos honestamente nossos pontos fracos e fortes, facilitando nossa aprendizagem e nosso crescimento.

Estar disponível emocionalmente para identificar e reconhecer nossos pontos fracos, nossas oportunidades de melhoria, de forma positiva e construtiva, já é um grande passo para se iniciar um círculo virtuoso por meio da incorporação de novas habilidades, técnicas e comportamentos.

Também, e muito importante, o autoconhecimento fortalece a nossa confiança e autoestima, permitindo que aceitemos ou tenhamos maior capacidade de interagir com os outros, ajudando-nos a construir relações mais fortes e saudáveis.

Está provado, por meio de estudos do comportamento humano, que o homem tem capacidade de analisar seu semelhante até o limite da sua capacidade de autoanálise. Se, portanto, expandimos esse limite, consequentemente expandiremos o nosso conhecimento sobre o outro.

Essa última questão é relevante quando discutimos a diversidade em nossas vidas e empresas. Antes, porém, de discutir a questão da diversidade, sob a perspectiva dos valores individuais, voltamos a abordar a questão do autoconhecimento individual e do autoconhecimento dos grupos nos quais atuamos.

Para isso, vamos explorar um interessante método, conhecido como Janela de Johari, que foi desenvolvido em 1955 por *Joseph Luft* e *Harrington Ingham*. O nome é decorrência da junção das sílabas iniciais — Jo + Hari — dos nomes dos pesquisadores.

Na Figura 15, a seguir, temos no eixo horizontal o gradiente do nosso autoconhecimento e, no eixo vertical, o gradiente do "conhecimento" dos componentes do grupo em relação ao nosso perfil comportamental, emocional e técnico.

**Janela de Johari**

|  | Conhecido por mim | Desconhecido por mim |
|---|---|---|
| **Conhecido pelo outro** | Zona Aberta | Zona Cega |
| **Desconhecido pelo outro** | Zona Oculta | Zona Desconhecida |

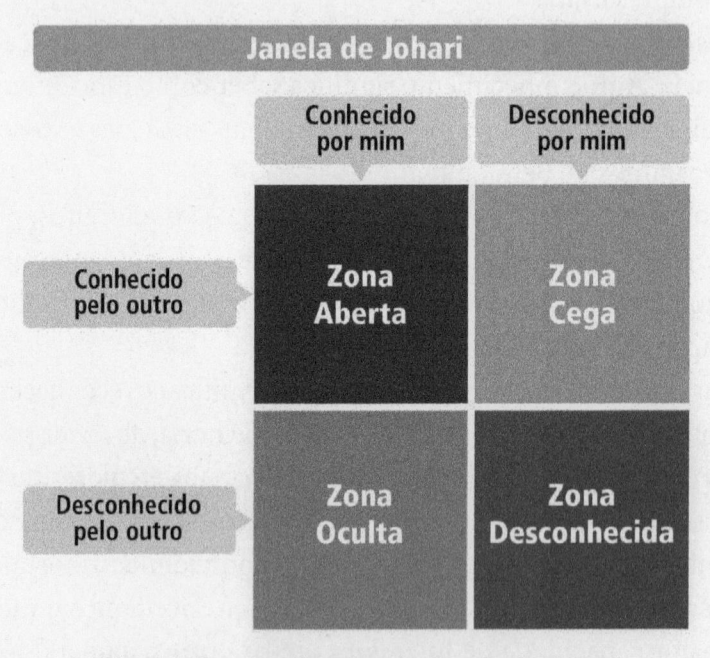

**Figura 15** — Quadrantes da Janela de Johari.

Por meio da classificação em quatro quadrantes, obtemos uma associação entre a convergência e a sintonia do grupo para conosco.

Sendo assim, no primeiro quadrante, denominado *zona aberta*, temos uma situação em que o meu perfil comportamental, emocional e técnico é bem conhecido por mim mesmo, e os componentes do grupo também têm lucidez quanto a esse perfil.

No perfil à direita, ocorre o que chamamos de *zona cega*, em que o grupo observa em nós determinados comportamentos, embora não estejamos conscientes deles. Por exemplo, pode ser que o grupo nos enxergue como pessoas arrogantes e insensíveis, embora nós nos autoavaliemos como cordiais e sensíveis, gerando assim uma dissonância de percepções.

No quadrante *zona oculta*, classificam-se as situações em que temos consciência de determinados aspectos do nosso perfil, embora, para proteção ou simplesmente conveniência, não deixamos isso claro para o grupo. Pode ser a situação em que temos uma deficiência ou habilidade, porém não queremos que o grupo tenha essa percepção.

Finalmente, no quadrante denominado *zona desconhecida*, ocorre um espaço vazio, em que nem nós nem o grupo tem percepção. Por exemplo, pode ser que sejamos potencialmente hábeis em liderança, porém, por não termos consciência dessa competência ainda, não a aplicamos, e, consequentemente, o grupo também não identifica essa competência em nós.

A evolução e o caminho entre esses quadrantes ocorrem com o feedback (no eixo horizontal), em que os outros nos ajudam a reconhecer em nós determinados padrões de comportamento que precisam ser melhorados; e com a transparência (no eixo vertical), em que mais comunicação e diálogo permitem maior sintonia entre o grupo e seus componentes.

Mais uma vez, o autoconhecimento é o ponto de partida que ajuda nesse aprimoramento, evitando lacunas e instabilidades em nossos relacionamentos que, acumuladas, geram os efeitos já discutidos anteriormente.

Quanto menores as lacunas e variabilidades; o deslocamento entre nossos pensamentos, expressões e atitudes; a dissonância cognitiva e perceptiva; menores os efeitos degenerativos resultantes da agregação de nossos pensamentos e atitudes.

A grande equação da humanidade é gerar nos indivíduos uma convergência entre "o que eu penso de mim", "o que eu acho que os outros pensam de mim" e "o que os outros de fato pensam de mim".

Nas palavras do famoso psicanalista da escola humanista, Carl R. Rogers, em seu livro *Tornar-se pessoa*, "este sou eu, este é quem você é e este é quem você pensa que sou".

Rogers também escreveu em seu livro a sua própria definição de *vida plena*:

> Torna-se evidente que outra consequência da perspectiva que estou apresentando é que a natureza profunda do ser humano, quando funciona livremente, é construtiva e digna de confiança. [...] quando conseguimos libertar o indivíduo de sua atitude de defesa, de modo que ele se abra ao vasto campo igualmente vasto das exigências do meio e da sociedade, podemos confiar que suas reações serão positivas, progressivas e construtivas. Não precisamos perguntar quem o socializará, pois uma das suas próprias necessidades mais profundas é a de se associar e de se comunicar com os outros. [...] Não precisamos perguntar quem controlará os seus impulsos agressivos; à medida que for mais aberto a todos os seus impulsos, a sua necessidade de ser querido pelos outros e a sua tendência para oferecer afeição serão tão fortes como os impulsos de violência ou de ataque. O indivíduo será agressivo em situações onde a agressão seja realmente adequada, mas não sentirá uma necessidade desordenada de agressão. (ROGERS, 1987, p. 174)

A convergência entre "o que eu penso de mim", "o que eu acho que os outros pensam de mim" e "o que os outros de fato pensam de mim", conforme citado anteriormente, permite novos limites na qualidade e maturidade das relações humanas, facilitando o crescimento dos indivíduos, reduzindo as inibições do desenvolvimento psicológico e reduzindo barreiras defensivas e consequentes dissonâncias na comunicação entre as pessoas.

Vamos explorar agora a questão da diversidade.

Comentamos que o autoconhecimento permite que compreendamos melhor a maneira como nós mesmos funcionamos, a qualidade e natureza de nossas ações e reações. Uma avançada inteligência emocional possibilita que também compreendamos melhor a natureza do comportamento e atitudes das outras pessoas.

Para isso, é de fundamental importância a aceitação de que nem todos possuem ou devem possuir um padrão comportamental idêntico e os mesmos valores. Nós somos diversos.

Existe uma série de metodologias e ferramentas de análise comportamental que nos ajuda a entender e a identificar os diversos perfis pessoais existentes na sociedade. Essas metodologias provam que, por premissa básica de nosso ser, por origem, já somos diversos.

Dentre essas ferramentas, vamos detalhar uma, que é a metodologia denominada Motivadores, elaborada pelo filósofo e psicanalista alemão Eduard Spranger em seu livro *Formas de vida*.

Essa teoria foca a parte mais profunda dos indivíduos, agrupando seis *motivadores* que são a base que impulsiona as pessoas à ação, com os quais o indivíduo norteia seus pensamentos e atitudes.

O trabalho de Spranger é bastante profundo, filosófica, ética e psicologicamente falando. Ele discursa sobre valores morais superiores, os valores normativos, os atos éticos dos grupos e dos indivíduos, entre outros aspectos. Decorrente do pensamento de Spranger, enquanto finitos, nunca conseguiremos fixar o valor superior, mas caminhar em direção a ele. Ou seja, podemos caminhar em direção à plenitude, aspecto que será mais bem discutido no capítulo sobre *Propósitos*.

Além da diversidade entre os indivíduos, é importante considerar a diversidade de culturas. De fato, um indivíduo pode ser ético numa cultura e não ser ético em outra.

Para Spranger, "compreender significa penetrar na constelação particular de valores de um contexto espiritual, encontrar os elementos, os átomos".

Citamos esses aspectos do trabalho do autor para deixar registrado, novamente, quão profundo e científico é o seu legado. Porém, para efeito prático, apresentamos a seguir a classificação final formulada por ele e a forma como seus conceitos foram metodificados e estão sendo aplicados no ambiente empresarial atualmente.

As motivações dos indivíduos ou seus valores foram classificados em seis fatores motivacionais. Para cada pessoa, cada um desses valores ou fatores pode assumir o papel primário (ao qual o indivíduo atribui grande importância), indiferente (ao qual o indivíduo atribui importância dependendo da situação) ou secundário (não é um fator relevante para o indivíduo), dependendo da intensidade com que esses fatores são significativos para o indivíduo.

- **Teóricos**: são pessoas que buscam vivência pedagógica. Apoiam-se no princípio da razão. Intelectuais e pesquisadores em busca do conhecimento. Buscam explicações e soluções de problemas. Investigativos e racionais. Dedicam-se profissionalmente ao saber.
- **Utilitários**: são pessoas que buscam praticidade. Têm habilidade em maximizar recursos. Comparam a utilidade de um objetivo com seu custo. Buscam ter e consumir.
- **Estéticos**: são pessoas que buscam a harmonia e o belo. Focam o subjetivo. Privilegiam a vivência e o proveito da vida integralmente. Notam a singularidade das experiências. Mais voltados ao individualismo.
- **Sociais**: altruísmo e abnegação. Investem tempo e recursos nos outros, sem esperar retribuição. Gastam energia em eliminar a dor e o sofrimento dos outros. Podem viver em razão de outras pessoas. Vivem verdadeiramente na outra pessoa. Dedicam tempo e energia para formar e desenvolver pessoas.
- **Individualistas**: pessoas que formam relacionamentos pessoais no intuito de avançar posições. Querem ser o guia e o líder. Ambiciosos. Buscam o sucesso e a superação. Procuram ser notados por símbolos de poder, sucesso e prestígio. Possuem clareza no que se refere a aonde querem chegar. Praticam o marketing pessoal.
- **Tradicionais**: pessoas que vivem de acordo com um sistema rígido de princípios. Todas as decisões devem passar pelo filtro de seus princípios. Procuram viver por meio de uma ideia clara, do que é certo ou errado. Podem querer regular e filtrar decisões de uma pessoa.

Naturalmente, os fatores expostos devem ser combinados e associados entre si, para projetar a análise comportamental que a metodologia propõe.

Porém, fica muito claro que diversidade não significa certo ou errado. A diversidade é resultante da composição dos tijolos básicos de construção do ser humano, para que a sociedade possa se desenvolver em sua plenitude.

Antes de concluir este capítulo, vamos compartilhar a seguir uma lista de pensamentos importantes, diversos e não estruturados, que, aplicados diversas vezes na vida do autor e de outros, provaram-se bastante úteis. São pensamentos e atitudes que nos ajudam a pensar mais claramente, podendo ser aplicados à luz da inteligência emocional e do que chamamos de método científico.

Refletem a essência dos nossos relacionamentos e, como aprendemos, à medida que as coisas mudam mais rapidamente, mais importante torna-se a essência das coisas. Espelham os predicados do nosso autoconhecimento e das nossas relações em grupo.

*O futuro depende da qualidade das nossas conversas.*
Como seres sociais, é a qualidade de nossas conversas que nos levará a situações melhores ou piores.

*Não podemos responsabilizar os outros pelas nossas emoções.*
Os responsáveis pelas nossas emoções sempre seremos nós mesmos.

*Aceite previamente todas as possibilidades. Não é porque não está vendo o sol que ele não está lá.*
O surpreendente e o inusitado são muito mais frequentes do que imaginamos. Podemos ir muito além do que imaginamos ser possível num primeiro momento.

*Fazer a coisa certa é mais importante que fazer certo as coisas.*
Como se diz, se todos remarmos para o mesmo lado, mas o lado for errado, vamos enfrentar as dificuldades de forma mais rápida. Antes de mais nada, temos de estar seguros da coisa certa a ser feita.

*Às vezes é melhor estar aproximadamente certo do que exatamente errado. Separe o certo do preciso: 0,5 é certo, 0,55555 é preciso.*

Podemos desperdiçar muito tempo em detalhes que às vezes não nos ajudam. Estar certo às vezes é suficiente e já nos permite seguir adiante com segurança.

*A força de uma árvore está na raiz, mas são os galhos que são aplaudidos.*

Esta frase é de Rubem Alves. Às vezes assumimos papéis que merecem ser aplaudidos. Às vezes, devemos nos contentar em apenas servir como um bom alicerce para que os outros possam ser aplaudidos.

*Cresça para não se tornar irrelevante.*

No mundo de hoje, podemos nos tornar irrelevantes rapidamente (em habilidades, em conhecimento, na carreira). Temos de buscar conhecimentos essenciais que não se depreciem e habilidades novas, a todo momento, que nos permitam continuar sintonizados com as necessidades do mundo. Competência se trata das habilidades que cruzam com as necessidades do mundo. Nada melhor do que saber fazer bem uma coisa e o mundo precisar dela.

*Grandes objetivos, pequenos passos.*

Às vezes os nossos objetivos parecem distantes. A definição de objetivos intermediários que nos levem ao grande objetivo final permite medir o avanço da jornada e nos premiar a cada êxito obtido na caminhada.

*Tão importante quanto a habilidade de aprender é a habilidade de desaprender.*

Não nos apeguemos demais a crenças e paradigmas que podem não mais existir.

*Não atravesse um rio se ele tiver em média 1,20 metro de profundidade.*

Cuidado com as médias. Um rio com profundidade média de 1,20 metro pode ter pontos com 2 metros de profundidade nos quais você poderá se afogar, pontos de 1 metro em que você não poderá mergulhar sem se machucar e talvez nenhum ponto em toda a sua extensão com, de fato, 1,20 metro de profundidade.

*Desenvolva habilidades para ver a floresta e também habilidades para ver as árvores. Cada decisão e ação, para ser de utilidade, pode exigir que uma dessas habilidades diferentes seja aplicada alternativamente, conforme for a situação a ser explorada.*

Enxergar o todo permite entender o conjunto da obra, enxergar se é assim que desejamos e imaginamos que seja uma floresta. Enxergar cada árvore da floresta permite agir e entender as relações de causa-efeito que ocorrem na base e nos microacontecimentos que regem a dinâmica da floresta e a levam adiante.

*Venerar, admirar, respeitar.*

Devemos respeitar todos e podemos até admirá-los. Porém, jamais venerar. Foi a veneração por seres humanos normais e iguais em tudo que nos levou a momentos complicados na história da humanidade.

*Se as perguntas não forem certas as respostas não servem para nada.*

Para finalizar, reflitamos sobre esta história: *O exemplo dos lobos.*

> *Os três primeiros, os mais velhos ou os doentes vão à frente e marcam o ritmo do grupo. Eles são seguidos pelos cinco mais fortes, que os defenderão em um ataque surpresa. No centro seguem os demais membros da alcateia, e no final do grupo seguem os outros cinco mais fortes que protegerão o grupo. Em último, sozinho, segue o lobo "alfa", o líder. Em resumo, a alcateia segue o ritmo dos anciões e sob o comando do líder, que impõe o espírito de grupo, não deixando ninguém para trás. O verdadeiro sentido da vida não é chegar em primeiro, mas chegarem todos juntos ao mesmo destino.*

## CAPÍTULO 15

# Os papéis de nossas vidas

*O jogo interior do tênis — Podemos perder o jogo exterior, mas ganhar o jogo interior — Que jogo estamos jogando — W. Timothy Gallwey.*

Nas teorias atuais sobre liderança, uma das que mais se destaca é a denominada *Liderança Situacional*. Essa teoria estabelece que a liderança é situacional, ou seja, ela pode ser entendida em função do perfil do líder, da maturidade da equipe e da situação. Tudo se desenrola de acordo com essas três variáveis. Dependendo do contexto decorrente das variáveis, o líder poderá assumir um papel mais diretivo, mais centralizador, de apoio ou de delegação.

Assim como na liderança, que prevê estilos de gestão diferentes para contextos situacionais diferentes, também assumimos diversos papéis, e não podemos dizer que existe um papel único que nós, como seres humanos, assumimos com exclusividade.

Esse importante conceito encontra-se fortalecido no livro *O jogo interior do tênis*, de W. Timothy Gallwey. O reconhecimento desse fator em nossa vida nos faz pensar de maneira mais efetiva para cada caso, cada situação. Vamos detalhar.

Segundo o autor:

> [...] todos os jogos se compõem de duas partes: um jogo exterior e um jogo interior. O exterior é jogado contra um adversário para superar obstáculos exteriores e atingir uma meta externa [...]. O jogo interior é o jogo que se desenrola na mente do jogador, e é jogado contra obstáculos como falta de concentração, nervosismo, ausência de confiança em si mesmo e autocondenação. (GALLWEY, 2019, p. 13)

Como são dois jogos, podemos perder o jogo exterior e ganhar o jogo interior. Porém, o valor de ganhar só é comparável em grandeza ao valor do objetivo alcançado.

Vamos explorar melhor o conceito exposto por Gallwey sobre o jogo interior.

Um ex-campeão de tênis profissional, em relação ao seu jogo interior, pode ir jogar tênis por diferentes motivos.

Um primeiro motivo pode ser obter a imagem de *bom jogador*. Uma pessoa perfeita, competente, eficiente. Sua intenção é projetar a imagem de um jogador competente.

Outra possibilidade é projetar a imagem do *amigo*, ou seja, a pessoa que joga tênis com alguém importante, com muitos amigos, com o marido, com a mulher.

E, finalmente, uma terceira possibilidade seria gerar situação de *prazer* ou *lazer*, exercitando o corpo, vivenciando situações elevadas de puro entretenimento e reforçando uma rotina saudável para corpo e mente.

Uma pessoa, por exemplo, que deseja fazer um MBA. Pode ser em virtude da busca por um salário ou emprego melhor, visando ao aumento de sua renda. Ou pelo desejo de autoridade, para assumir o comando em altos escalões e ter maior controle de sua carreira ou de outros. Ou para aquisição de conhecimento, pois gosta de aprender e quer incrementar o seu background pessoal.

Diferentes motivações para um mesmo jogo externo podem representar, de fato, mecanismos, atitudes e jogos internos totalmente distintos, gerando, em consequência, resultados diferentes, pois cada motivação está associada a objetivos específicos.

Sempre é bom pensar em que papel assumimos em cada situação e que jogo interno e externo estamos jogando, bem como qual significado isso tem para a nossa vida.

CAPÍTULO 16

# Os limites do nosso livre-arbítrio

O gene egoísta — A soma de nossas vontades — As máquinas de sobrevivência — Charles Darwin — Richard Dawkins.

O que sabemos, a partir da Teoria da Evolução, elaborada inicialmente por Charles Darwin, é que o importante na evolução é o bem do indivíduo, o seu gene. Durante anos prevaleceu a suposição errônea de que o objetivo da evolução era preservar o grupo (a espécie), e não o indivíduo.

Em *O gene egoísta*, Richard Dawkins discorre detalhadamente sobre como esse fato impacta nossas vidas e nossas decisões.

Em sua obra, Dawkins afirma:

> [...] Assim como "gângsters" de Chicago, nossos genes sobreviveram, em alguns casos por milhões de anos, em um mundo altamente competitivo. Isso nos permite esperar certas qualidades em nossos genes. Sustentarei que uma qualidade predominante a ser esperada em um gene bem-sucedido é o egoísmo implacável. Este egoísmo do gene geralmente originará egoísmo no comportamento individual. (DAWKINS, 2007, p. 6)

Qual é a implicação disso?

A primeira, sem dúvida, é o que de fato sentimos na sociedade. Todos falamos em bem, justiça, paz e amor. Porém, a somatória e a agregação de nossas vontades, ideais e decisões de maneira alguma nos leva a uma sociedade mais justa, com todas essas características que individualmente idealizamos. Segundo Dawkins, novamente:

> Fique advertido de que se você desejar, como eu desejo, construir uma sociedade na qual os indivíduos cooperem generosa e desinteressadamente para um bem comum, você poderá esperar

> pouca ajuda da natureza biológica. [...] Compreendamos o que nossos próprios genes egoístas tramam, porque assim, pelo menos, poderemos ter a chance de frustrar seus intentos, uma coisa que nenhuma outra espécie jamais aspirou fazer. (DAWKINS, 2007, p. 7)

Para embasar suas afirmações, ele traz muitos exemplos da natureza. Vamos ilustrar com apenas alguns deles.

> Gaivotas de cabeça preta nidificam em grandes colônias, os ninhos estando separados por apenas poucos palmos. Quando os filhotes eclodem são pequenos, indefesos e fáceis de serem engolidos. É bastante comum uma gaivota esperar que um vizinho vire as costas, talvez enquanto ele está fora pescando, e então lançar-se sobre um de seus filhotes e engoli-lo inteiro. Ela, dessa forma, obtém uma boa refeição nutritiva sem ter que se dar ao trabalho de capturar um peixe e sem ter que deixar seu próprio ninho desprotegido. (DAWKINS, 2007, p. 8)

Entretanto, todas as espécies, assim como nós, apresentam mecanismos altruístas:

> Sacrificar a vida pelos amigos é obviamente altruísta, mas correr um pequeno risco por eles também o é. Muitos pássaros pequenos, quando observam um predador voando, como um gavião, dão um "grito de alarme" característico, em consequência do qual todo o bando se põe em fuga. Há evidência indireta de que o pássaro que dá o grito de alarme se expõe particularmente ao perigo, pois atrai a atenção do predador em especial para si.
> Esse é apenas um leve risco adicional, mas parece, no entanto, pelo menos à primeira vista, corresponder a um ato altruísta pela nossa definição. Os atos mais comuns e mais conspícuos de altruísmo animal são realizados pelos pais, especialmente pelas mães, em relação a seus filhos. Eles podem incubá-los, ou em ninhos ou em seus próprios corpos, alimentá-los com

enormes sacrifícios para si e correr grandes riscos ao protegê-los de predadores.

Para citar apenas um exemplo particular, muitos pássaros que nidificam no chão realizam o chamado "comportamento de distração" quando um predador, como uma raposa, se aproxima. Um dos pais afasta-se do ninho maneando, mantendo uma asa aberta como se ela estivesse quebrada. O predador, percebendo uma presa fácil, é atraído para longe do ninho que contém os filhotes. Por fim, a ave cessa seu fingimento e lança-se ao ar exatamente a tempo de escapar das mandíbulas da raposa. Ela provavelmente terá salvo a vida de seus filhotes, mas com algum risco para si. (DAWKINS, 2007, p. 9)

Após várias gerações, o *grupo dos indivíduos altruístas* poderá se sobrepor ao *grupo dos indivíduos egoístas* de uma espécie, porém os mecanismos subjacentes de sobrevivência dos genes continuam em funcionamento.

De fato, o fundamento da seleção e da evolução, mais do que a espécie e o grupo, até mais do que o próprio indivíduo, é o gene. Porém, a seleção natural seleciona as formas estáveis em detrimento das instáveis. As formas estáveis atualmente existentes, a partir dos átomos e moléculas, não são formações aleatórias, "mas estruturas invariáveis e definidas, repetidas diversas vezes, sem nenhum ramo ou torção fora do lugar" (DAWKINS, 2007, p. 12). A natureza não é um liquidificador que mistura tudo o tempo todo, mas ela valoriza padrões estáveis e muitas vezes previsíveis.

Na origem, são os genes que controlam o desenvolvimento embrionário, o que significa dizer que eles são pelo menos parcialmente responsáveis pela sua própria sobrevivência no futuro, pois esta depende da eficiência dos corpos nos quais eles vivem e os quais eles ajudaram a construir. E genes não têm a capacidade de previsão. Não fazem planos antecipadamente.

Resumindo os pontos abordados, o egoísmo, do ponto de vista evolutivo, deve ser esperado em todos os organismos. E a natureza favorece os organismos estáveis, pois os *genes bons* que compõem os organismos estáveis terão mais chances de reproduzir e garantir a sua replicação.

Mas a máquina que os genes constroem — nós como organismos e *máquinas de sobrevivência* — assumem vontade própria. E a agregação desses organismos em estruturas sociais superiores novamente assume outras vontades próprias, embora cada vez que desçamos nas estruturas as vontades individuais dos tijolos básicos que formam as grandes estruturas sejam bem diferentes.

Dawkins afirma que somos *máquinas de sobrevivência*, cujo comportamento é controlado pelos genes, não de forma direta, mas sim indiretamente, decorrente dos milhões de anos de evolução. E as máquinas de sobrevivência que conseguem se diferenciar, por exemplo, com o desenvolvimento de capacidades de aprendizagem, ou de simulação do futuro (que, no fundo, são programados pelos genes) estão um passo à frente de outras *máquinas de sobrevivência*.

> Ditando a maneira pela qual as máquinas de sobrevivência e seus sistemas nervosos são construídos, os genes exercem o poder final sobre o comportamento. Mas as decisões a cada instante sobre o que fazer em seguida são assumidas pelo sistema nervoso. Os genes são os fazedores primários dos planos de ação, os cérebros são os executantes. Mas à medida que os cérebros tornaram-se mais altamente evoluídos, assumiram cada vez mais as decisões reais sobre os planos de ação, usando, ao fazê-lo, truques tais como a aprendizagem e a simulação. (DAWKINS, 2007, p. 38)

O objetivo deste capítulo — está óbvio — não é discorrer sobre genes, mas apresentar e alertar de forma lógica o que move nossas decisões e comportamentos. Nossas máquinas de sobrevivência são autônomas e tomam decisões por meio de neurônios, experiências, cultura, crenças com que tiveram contato, e são decorrentes do conjunto formativo e agregado dos aspectos biológicos. Porém, as nossas máquinas de sobrevivência possuem alguns comandantes no seu interior, decorrentes da nossa evolução como espécie. Nosso livre-arbítrio é parcialmente influenciado, mesmo que de forma inconsciente.

A consciência desse mecanismo nos ajuda a lidar melhor com nossos comportamentos e decisões. No próximo capítulo, apresentamos um caso ilustrativo bastante interessante a respeito desses aspectos — de como as decisões, mediante o mesmo fato, podem mudar, em decorrência de uma situação ou outra.

CAPÍTULO 17

# Uma decisão disruptiva

Intuição — A potencial salvação do mundo na Guerra Fria — Gatilhos mentais.

Vamos abordar um caso real, ocorrido durante a Guerra Fria, quando o mundo estremeceu nas mãos de poucas pessoas e de suas decisões pessoais.

O oficial soviético Stanislav Petrov, lotado em um *bunker* próximo a Moscou, em 1983, ficou conhecido como o militar que evitou uma guerra nuclear entre as potências militares da época.

Sua responsabilidade era observar a rede de alerta e defesa preventivos por satélite e, em caso de sinais de perigo, notificar seus superiores sobre qualquer possível ataque com míssil nuclear contra a URSS. Se isso viesse a ocorrer, por protocolo, a estratégia da União Soviética seria lançar imediatamente um contra-ataque nuclear contra os Estados Unidos.

Um pouco após a meia-noite, os computadores do sistema de defesa da URSS indicam que um míssil estadunidense se move em direção à União Soviética. Nesse momento, Petrov ponderou que os EUA não lançariam apenas um míssil se realmente estivessem atacando a União Soviética, além do fato de que a confiabilidade do sistema de segurança soviético já havia sido questionada.

Pouco tempo depois, os computadores indicaram que outros mísseis haviam sido lançados.

O contexto se agravava porque o radar terrestre soviético só tinha condições de detectar um eventual ataque quando já fosse tarde demais, e também porque o general soviético no comando tinha um perfil conhecido por sua agressividade e atitude linha-dura.

De fato, era um alarme falso, decorrente de defeito no sistema de segurança por satélite soviético. Petrov acreditou na própria intuição e interpretou as sinalizações do sistema como alarme falso. Por ter tido um juízo correto, uma guerra nuclear foi potencialmente evitada.

Podemos explorar muitos aspectos sobre essa ocorrência.

E se estivesse na vigia outra pessoa que não Petrov, com outro perfil? Petrov agiu corretamente? E se de fato fosse uma ameaça nuclear?

Voltando aos fatos, após o incidente, Petrov foi considerado um militar não confiável pelas Forças Armadas soviéticas, por não ter seguido o protocolo.

Nesse caso, uma decisão, depositada nas mãos de uma única pessoa, potencialmente alterou o curso da história.

Nem sempre conseguimos nos apoderar completamente da qualidade das nossas decisões, embora o aprimoramento dos nossos pensamentos e das decisões deles decorrentes nos ajude bastante a reduzir dissonâncias e conflitos.

Mesmo assim, conforme essa história demonstra, a intuição continua assumindo um papel importante.

Outro conceito que gostaríamos de deixar como semente neste livro é a questão dos *gatilhos mentais*. Gatilhos mentais são expressões ou formas de comunicação (gestual, estética, entre outras) que nos ajudam a obter a conformidade e a sintonia com outras pessoas, individualmente ou em grupos.

Vamos a um exemplo, associado ao tema principal deste capítulo.

Um dos gatilhos mentais mais importantes é a *reciprocidade*. Quando entregamos valor a outra pessoa, excedendo o que havíamos prometido ou combinado, de forma gratuita e inesperada, tendemos a gerar um sentimento de *gratidão* no outro, que a partir de então tenderá a nos fazer concessões ou desejar, por gratidão, retribuir os benefícios que recebeu.

Acontece que esse tipo de comportamento, natural em todos nós, formou-se durante milhares de anos, com a seleção natural, desde o tempo das cavernas. Na origem da nossa espécie, tinham mais chances de sobreviver as pessoas que estreitavam relações por meio de uma atitude de ajuda, de reconhecimento e de recompensa pelo apoio que recebiam contra os animais predadores e os perigos das cavernas. Esse sentimento de gratidão foi sendo impregnado durante todo nosso processo evolutivo, e hoje reagimos naturalmente e da mesma forma em situações equivalentes.

São inúmeros os gatilhos mentais pesquisados por cientistas. Um deles é a *ancoragem* — uma primeira estimativa que damos a um grupo, por exemplo, a oferta de preço de um produto qualquer, ancora a percepção do grupo próximo a esse patamar de preço dado para subsequentes negociações. Contar *histórias* nos ajuda a chamar a atenção e nos conectar mais facilmente à audiência. Obter *empatia*, fazendo com que o interlocutor sinta que nós o reconhecemos e entendemos como ele pensa, ajuda-nos a abrir a escuta desse interlocutor para a mensagem que queremos passar.

Além desses, existem muitos outros gatilhos mentais, a maioria deles advinda e enraizada em nossa consciência em decorrência das condições da nossa própria evolução.

CAPÍTULO 18

# Por que seres humanos sensatos criam mundos insensatos?

Mesmo fato, decisões diferentes — Puxaríamos a alavanca? — O agregado de nossas ações — A variabilidade entre pensamento, atitudes e ações — Teoria das Restrições, Lean Manufacturing, Seis Sigma — Palavras são os blocos de construção do universo — O discurso da verdade é simples — O coro da humanidade — Deslocamento no espaço e no tempo — Eu com você contra o problema.

Vamos avançar na exploração do tema iniciado no capítulo anterior, com base em um dilema usualmente utilizado para efeito didático no campo da psicanálise e da filosofia, por meio de ensaios realizados com rigor científico. Trata-se de um experimento mental para testar nossa intuição moral, apresentado inicialmente por uma filósofa britânica na década de 1960.

> *O trem descontrolado*
> 
> Um trem vai atingir cinco pessoas que trabalham desprevenidas sobre a linha férrea. Mas você tem chance de evitar a tragédia acionando uma alavanca que leva o trem para outra linha, onde ela atingirá apenas uma pessoa. Você mudaria o trajeto salvando as cinco e matando uma?

Em um grupo ao qual esse dilema é apresentado, alguns responderão: "Sim, puxaria a alavanca", e outros "Não, não puxaria a alavanca". Os que estão no campo do sim provavelmente devem estar utilizando um critério utilitarista para tomar a decisão. É melhor salvar cinco pessoas e matar uma do que deixar que todas morram, e a alavanca será a ferramenta para salvar essas cinco pessoas.

Porém, vamos fazer um ajuste na história.

O dilema é basicamente o mesmo, porém existem duas pessoas em cima de uma ponte, uma com maior peso que a outra.

> *Embaixo da ponte deverá passar um trem que está descontrolado e existem cinco pessoas no caminho do trem. Você, de menor peso, pode parar o trem empurrando da ponte o outro homem de maior peso. Ele vai morrer, porém os cinco serão salvos. Você não pode optar por pular na frente do trem porque não tem tamanho suficiente para pará-lo.*

A diferença entre os dois casos é o fato de que, no primeiro, o ato é resolvido puxando-se uma alavanca. No segundo, empurrando-se uma pessoa. Nos dois casos, o sacrifício seria de uma pessoa para se salvarem cinco.

O que se registra nos ensaios realizados é que algumas pessoas que disseram "Sim, puxaria a alavanca", já no segundo caso disseram "Não, não empurraria o homem".

O dilema é o mesmo nos dois casos — salvar cinco pessoas sacrificando uma que não está sob risco —, e a natureza da decisão também é a mesma. Mas um simples ajuste no dilema, de se "puxar uma alavanca" para "empurrar um homem", é suficiente para alterar o resultado da decisão, talvez porque as pessoas se sintam mais "culpadas" em ter contato direto com o homem empurrado (ou seja, você seria diretamente responsável pela morte do homem) do que puxando a alavanca (a morte do homem seria um efeito colateral da sua decisão).

Ou seja, um ajuste no contexto de uma mesma decisão pode levar a mesma pessoa, com o mesmo objetivo e resultado desejado, a tomar decisões diferentes.

Outro exemplo também nos ajudará a ilustrar a questão da tomada de decisão em contextos diferentes: a Teoria das Janelas Quebradas, aplicada em uma pesquisa realizada pela Universidade de Stanford, Estados Unidos.

Os pesquisadores deixaram dois carros idênticos, da mesma marca, modelo e cor, abandonados na rua. Um no Bronx, uma zona pobre de Nova York, e outro numa área rica, em Palo Alto, na Califórnia. Resultado: o carro no bairro pobre de Nova York foi totalmente depredado e o carro deixado na Califórnia ficou intacto.

Posteriormente, os pesquisadores quebraram o vidro do veículo abandonado no bairro rico de Palo Alto. Como resultado, o mesmo processo de depredação do veículo foi desencadeado na Califórnia.

Por que essa atitude desencadeou todo um processo delituoso? A resposta se encontra na psicologia de cada indivíduo. Ao mudar de contexto, da situação do carro intacto para a situação do carro com a janela partida, uma mesma pessoa pode ter tomado atitudes diferentes. A explicação se encontra na psicologia humana, diante de uma situação que pressupõe desinteresse e descuido, o que induz ao "vale-tudo".

Novamente, pequenos ajustes no contexto geram decisões e atitudes diferentes, mesmo que os objetivos e as pessoas a tomarem essas decisões sejam os mesmos.

Há, porém, outra dissonância. Agora, entre pensamento e atitude. Essa dissonância se manifesta quando nossas atitudes não são coerentes com os nossos pensamentos. Esse aspecto está relacionado com dois dos quatros pilares da confiança que exploramos no início do livro: *você **diz** o que quer dizer* e *você de fato **faz** o que diz que vai fazer*.

Em decorrência de antigos hábitos, do comodismo ou de interesses conflitantes, não exercemos um comportamento condizente com as atitudes que gostaríamos de tomar ou com os pensamentos que manifestamos.

Podemos ter uma atitude positiva e pontual em relação à reciclagem de lixo, por exemplo, mas muitos continuam a não separar o lixo e descartá-lo nos locais apropriados.

Todos manifestam desejar o bem e a paz, mas o efeito agregado das nossas ações não raramente nos leva a resultados opostos aos desejados.

As lacunas entre pensamento, discurso e atitude são causas de variabilidades (entre a expectativa e o resultado) e geradoras de conflitos, de forma que os desejos manifestados individualmente não se refletem no coletivo.

Vamos trazer a intuição de algumas escolas metodológicas aplicadas no ambiente empresarial para a nossa realidade comportamental.

Existem, entre outras, três técnicas empresariais consagradas aplicadas para processos físicos e transacionais. Vamos explorar brevemente essas metodologias e captar a intuição por trás dessas escolas, e o que poderia ser útil para gerar novos insights para as nossas questões comportamentais.

Como já foi dito, a **Teoria das Restrições** traz o foco e a visão de fluxo, apresentando como variável principal o *tempo*. Essa técnica nos ensina que o tempo é a principal variável a ser gerenciada e que nossa realidade pode ser regida por poucas *restrições*. Para expandir nossos resultados, devemos atuar nessas poucas *restrições*.

O **Lean Manufacturing** propõe uma visão enxuta das organizações, simplificando os processos e retirando tudo que não gera valor, como retrabalho, estoque excessivo, perdas, entre outros aspectos.

O **Seis Sigma** gera estatísticas sobre variabilidades e suas causas, mapeando as ocorrências indesejadas, fora dos limites técnicos de especificação, e buscando as causas dessas ocorrências indesejadas. Para o Seis Sigma, por exemplo, um aluno que tira na média nota 7, sendo uma nota 6 e outra, 8, é melhor que outro aluno que tira uma mesma nota 7, porém sendo uma 5 e outra 9.

Vamos trazer a intuição constante no pano de fundo dessas escolas técnicas para fazer um paralelo com as possibilidades de desenvolver nossas práticas comportamentais para uma situação de maior maturidade.

Da Teoria das Restrições podemos extrair nosso foco e propósito como pessoas. Como não temos tempo, nem recursos abundantes, devemos atuar em nossas restrições pessoais e profissionais para atingir nossos anseios com maior rapidez. A criação e definição de uma meta ou um objetivo que possua um importante significado para nós ou a criação de um objetivo comum para o nosso grupo é uma sabedoria, exige disciplina e é de relevante impacto em nossas vidas. Disciplina é o que nos leva às nossas realizações.

Do Lean Manufacturing podemos trazer a simplicidade com a qual abordamos nossas situações. Vamos a um exemplo prático.

Ken Segall (2018, p. 14) escreveu, em seu livro *Incrivelmente simples*, que "franqueza é simplicidade, pisar em ovos é complexidade". *Franqueza* é simplicidade, pois não exige do outro gasto de energia para entender ou qualificar o que está sendo dito; já a *complexidade* gera gasto de energia, nem que seja para entender uma mensagem mal colocada. Franqueza é ser direto, porém não insensível.

Do Seis Sigma podemos trazer a redução das causas da *variabilidade*. Sempre que *dizemos o que queremos de fato dizer* e sempre que de fato *fazemos o que dizemos que vamos fazer*, estamos evitando lacunas em nossos processos de comunicação e de realização, com isso reduzindo variabilidades entre percepção e expectativas, o que reduziria em muito nosso estoque de conflitos.

A *variabilidade* é indesejada, abre lacunas para dissonâncias cognitivas, para interpretações e ramos negativos de desenvolvimento. Reduzir a variabilidade, tanto nos processos empresariais quanto em nossas atitudes e comportamentos, é muito bom e deveríamos sempre buscar esse objetivo.

Voltando ao assunto inicial deste capítulo, e resgatando novamente temas expostos no livro *Enfrentando defesas empresariais*, de Chris Argyris, existem enigmas não resolvidos em nossas relações:

> [...] por que os seres humanos mantêm e proliferam os erros [...] esses erros tomam tempo e energia. Por que os seres humanos sensatos criam mundos, que têm, segundo os seus próprios padrões, consequências insensatas? [...] seres humanos não planejam e produzem erros conscientemente. (ARGYRIS, 1992, p. 12)

Nosso amadurecimento, como indivíduos pensantes, ocorre quando essas lacunas tendem a diminuir, quando a *variabilidade* se reduz e passamos a ter comportamentos observáveis condizentes com nossas atitudes e nossos pensamentos.

Pensar claramente é o exercício que nos faz adquirir esse amadurecimento, reduzir a variabilidade entre o que queremos e o que de fato comunicamos e fazemos. E conhecer os *drivers* com os quais temos dificuldades nesse exercício é uma maneira de avançarmos para obter esse amadurecimento.

Outro ponto que nos ajuda a pensar claramente é identificar os *deslocamentos no espaço* e o *deslocamento no tempo*, conforme exposto por Peter Senge.

Os comportamentos e efeitos observáveis de nossas atitudes e decisões não necessariamente ocorrem no mesmo tempo e no mesmo espaço em que tais atitudes e decisões são tomadas, dificultando, assim, a nossa capacidade de identificar, avaliar e repensá-las.

Um exemplo muito prático desse conceito vem de uma grande empresa alimentícia. O setor de logística e expedição enfrentava um problema muito sério na preparação de cargas e no planejamento dos caminhões, provocando atrasos nos prazos de entrega de pedidos, entre outros aspectos. Todos os esforços estavam voltados aos mecanismos de montagem e otimização das rotas, troca de transportadoras, melhor ocupação do caminhão com a troca da dimensão e acomodação dos *pallets*, entre outras providências. Tudo estava focado em otimizar ou rever os procedimentos internos do setor logístico.

Por outro lado, a diretoria comercial vinha estabelecendo um padrão mais rigoroso de metas, medidores e satisfação dos clientes para a equipe comercial, fosse a equipe direta ou fossem os representantes. Com isso, a equipe comercial estava induzida a interferir cada vez mais na fila de pedidos, inserindo pedidos de última hora, solicitando preferências especiais para determinados clientes, como prazos de entrega diferenciados e, assim, contaminando a programação e a normalidade da área logística.

Esse é um claro exemplo do que estamos querendo expor sobre deslocamento no espaço. Uma decisão ou atitude padrão de um setor (nesse exemplo, o setor comercial) poderá ter seu reflexo observável num local diferente (nesse exemplo, no setor logístico). Os efeitos observáveis podem ocorrer em outro espaço, dificultando o real diagnóstico das relações de causa-efeito de determinada decisão ou atitude.

O mesmo mecanismo ocorre na questão do *deslocamento no tempo*. O resultado de determinada decisão poderá ocorrer num tempo futuro, dificultando a nossa percepção e capacidade de conectar o efeito com a decisão tomada num período anterior.

Vamos utilizar um exemplo lúdico para ilustrar esses aspectos. Talvez isso também nos ajude a pensar mais claramente.

Bebemos nosso refrigerante confortavelmente com uma lata de alumínio na mão ou com o refrigerante oriundo da latinha despejado num copo. Pelo efeito conjunto do *deslocamento no tempo* e *no espaço*, não enxergamos nem sentimos o que eu quero chamar de o *coro da humanidade*.

Quanto de emoção, ansiedade, risco, alegria, prazeres, contas matemáticas, análises financeiras, cálculos financeiros a valor presente, retorno sobre o investimento, entrevistas de emprego, avaliações comportamentais, pesquisas, suor e calor não acompanharam o material que compõe a latinha de alumínio e a própria latinha, até ela chegar às nossas mãos?

A produção de uma lata de alumínio começa com a extração da bauxita. A vegetação do solo precisa ser removida, pois o mineral em geral é encontrado a 4,5 metros da superfície do solo. Se vier da Austrália, que é o maior exportador de bauxita do mundo, o minério pode ter viajado confortavelmente através de milhares de quilômetros em enormes navios transatlânticos. Muita energia elétrica é empregada para a formação do alumínio a partir da bauxita, energia elétrica esta vinda de toda uma cadeia própria de construção térmica, eólica, solar ou hidrelétrica. Após a separação de materiais menos nobres, o alumínio é encaminhado para a fundição.

Na sequência, o alumínio fundido segue para a laminação, que se trata de um processo de compressão do metal por cilindros de aço ou ferro fundido com eixos paralelos que giram em torno de si mesmos. As bobinas de alumínio então são transportadas para as fábricas, por caminhões movidos a óleo diesel, para passar pelo processo de conformação e ser lavadas e esterilizadas. Muita água precisa estar disponível. As tampas são uma história à parte.

Após o envasamento, as latinhas são rotuladas, atividade que é resultado do trabalho de inúmeros analistas de marketing que estudaram muito, fizeram muitos MBAs na vida e cujas carreiras certamente estiveram em risco por algumas vezes durante suas jornadas.

Na sequência, as latinhas são entregues para um distribuidor, que deve ter gastado muito tempo para construir seus centros de distribuição, cuidadosamente planejados e com o apoio de muitos especialistas em logística e em *cross docking*, que também passaram horas fazendo previsões de demanda e negociando desconto com as fábricas.

E, finalmente, em virtude de uma multidão de vendedores comissionados, quase sempre preocupados e pressionados pelo fechamento das vendas ao final do mês, a lata com o refrigerante chega aos bares, cujos donos passaram horas definindo o *markup* a aplicar, à luz da sua demanda, do seu custo fixo e da concorrência.

O *coro da humanidade* não está visível para nós, mas ele existe.

O Dr. Goldratt, na sua coletânea de ensinamentos da Teoria das Restrições, recomenda-nos: "Vamos mudar nossos pensamentos, de eu contra você por causa do problema, para eu com você, contra o problema".

Deslocamentos no espaço e no tempo são outra fonte, dentre muitas, de conflitos e de lacunas de percepção. E, para qualquer situação, essa recomendação nos ajuda muito, no momento que nos deparamos com situações em que precisamos pensar mais claramente.

Para encerrar este capítulo, trazemos novamente os dois (dos quatro) pilares da confiança que já discutimos anteriormente: *você **diz** o que quer dizer* e *você de fato **faz** o que diz que vai fazer*. Porém, desta vez, utilizando um recurso poético, para maior simbologia e memorização da mensagem que queremos reforçar, por meio de um trecho de *O livro dos abraços*, de Eduardo Galeano (2005, p. 19).

> *Na casa das palavras, sonhou Helena Villagra, chegavam os poetas. As palavras, guardadas em velhos frascos de cristal, esperavam pelos poetas e se ofereciam, loucas de vontade de ser escolhidas: elas rogavam aos poetas que as olhassem, as cheirassem, as tocassem, as provassem. Os poetas abriam os frascos, provavam palavras com o dedo e*

*então lambiam os lábios ou fechavam a cara. Os poetas andavam em busca de palavras que não conheciam, e também buscavam palavras que conheciam e tinham perdido.*

As palavras são os instrumentos por meio dos quais o mundo conhece os nossos pensamentos. As palavras são os blocos de construção do universo.

Anteriormente falamos bastante sobre simplicidade. Neste capítulo estamos falando sobre pensamentos sensatos, mas consequências insensatas no agregado. Talvez a noção de simplicidade nos ajude na obtenção de mais resultados sensatos na somatória de nossas atitudes.

Lembrando novamente o que já foi dito, "franqueza é simplicidade, pisar em ovos é complexidade", pois a complexidade gera gasto de energia, nem que seja para entender uma mensagem mal colocada.

Como escreveu Sêneca, um filósofo estoico, "o discurso da verdade é simples".

CAPÍTULO 19

# A visão tripartite

*Tríade — Três condições necessárias para uma solução robusta — Conhecimento — Método Socrático — Platão, Sócrates e Teeteto — Opinião, verdadeira, justificada — Liberdade, igualdade, fraternidade — Warren Buffett.*

Em uma citação atribuída a Warren Buffett, afirmou-se:

> Alguém já disse que, ao escolher quem contratar, você busca três qualidades — integridade, inteligência e energia. E se ele não tem a primeira, as outras duas vão acabar com você. Pense nisso, é verdade. Se você contratar alguém sem a primeira, você realmente deseja que seja imbecil e preguiçoso. (MAGRETTA, 2002, p. 189)

Vamos pensar nessa estrutura conceitual de forma ampla. Temos três qualidades esperadas de um contratado: *integridade, inteligência e energia*. Se a qualidade *integridade* faltar, as outras duas qualidades em conjunto não serão suficientes para garantir uma boa contratação. Porém, se houver algum outro par de qualidades na pessoa a ser contratada, e ainda assim faltar uma terceira qualidade, a contratação não será efetiva. Digamos que um candidato seja *íntegro* e *inteligente*, porém não possua energia, pelo contrário, utilizando as próprias palavras de Warren Buffett, seja preguiçoso. O recrutador irá falhar em sua missão.

Gostamos de pensar em sempre construir um conjunto de três *condições necessárias* para que um plano possa alcançar satisfatoriamente um objetivo ou um resultado adequado.

Vamos explorar isso extensamente neste capítulo, começando por um ensinamento da filosofia, mais especificamente, por meio de um dos *Diálogos de Platão*, *Teeteto* (*ou Do Conhecimento*).

Os *Diálogos de Platão* correspondem ao registro escrito da filosofia platônica, baseada no processo de pensamento do seu mestre Sócrates, denominado Método Socrático. É um método de investigação filosófica em que o raciocínio filosófico é desenvolvido por um diálogo baseado em uma sucessão de perguntas e respostas, no qual o mestre, por meio de suas perguntas e as respostas do aluno, promove o desenvolvimento e a descoberta dos valores relacionados ao tema em questão.

O Método Socrático é poderoso e corrobora a citação que permeia este livro, "mais importante que a resposta é a pergunta que formulamos". Einstein, uma vez perguntado sobre o que faria se tivesse apenas uma hora para salvar o mundo, respondeu que "levaria 55 minutos procurando a pergunta correta e 5 minutos para encontrar a resposta".

Embora, de forma geral, as obras platônicas baseadas no Método Socrático não sejam concluídas com uma definição e conclusão claras do assunto em questão, esse importante texto da filosofia será de grande valor para os objetivos deste livro.

No citado diálogo, *Teeteto*, um jovem aprendiz de geometria e matemática, para efeito dramático, é interrogado por Sócrates, que quer saber *O que é conhecimento?*

A primeira definição de conhecimento proposta por Teeteto, dentro da dinâmica do diálogo, é que não há diferença entre opinião e conhecimento, definição esta que Platão procura invalidar, para contrapor à influência dos sofistas, grupo de pensadores da Grécia Antiga, mestres da retórica e da oratória, que acreditavam que a verdade era múltipla, relativa e mutável. Os filósofos acadêmicos consideram que os sofistas têm mais compromisso com a retórica do que com a verdade.

Platão fortalece a definição que deseja refutar com o suporte de dois renomados pensadores gregos, Protágoras e Heráclito, já citados anteriormente.

Para Protágoras, o homem é a medida de todas as coisas, "da existência das que existem e da não existência das que não existem". Se considerarmos a afirmação "a temperatura ambiente está muito alta", isso depende de quem está afirmando.

Para Heráclito, tudo flui, tudo está em movimento perpétuo, tudo que existe está num processo de vir a ser. Assim, tudo depende de como percebemos as coisas no momento do tempo, e, portanto, não há nada de absoluto no conhecimento.

Platão argumenta, em contraponto, que existem conceitos que não podem ser obtidos pela percepção.

Na sequência, Teeteto propõe que conhecimento é igual à opinião verdadeira.

Platão também contrapõe essa afirmação, argumentando que um juiz pode ter uma opinião verdadeira, porém seu juízo pode ser decorrente da ótima retórica do advogado, que pode não corresponder à veracidade dos fatos. Nesse caso, Platão ainda considera que o juiz não possua, de fato, conhecimento.

Na sequência, propõe que conhecimento é uma opinião verdadeira com uma razão (ou justificativa).

O diálogo se conclui com o desafio, não resolvido, de definir o que seria uma justificativa adequada para que possamos dizer que conhecemos algo, até que possamos reproduzi-lo e aplicá-lo sistematicamente em outras situações.

Para Platão, uma opinião ou crença pode ser verdadeira ou falsa. Para ser um conhecimento, a *opinião* precisa ser *verdadeira* e aliada à *explicação certa*.

Embora a conclusão não seja plena, o raciocínio e a trilogia *opinião, verdadeira, justificada* têm o mérito de destruir falsas opiniões, e qualquer pilar ausente dessa trilogia terá o efeito de invalidar a aceitação de que determinada afirmação seja um conhecimento. Essa é, portanto, a definição de conhecimento constante no diálogo de Platão *Teeteto*.

Vamos retornar a outros exemplos.

Consideremos o lema da Revolução Francesa: *Liberdade, Igualdade, Fraternidade*. Uma situação de igualdade e fraternidade sem liberdade não seria sustentável.

A lógica da Relatividade Geral de Einstein é explicada pelo comportamento da velocidade da *luz*, do *espaço* e do *tempo*. Já exploramos esse ponto neste livro.

Vamos encerrar este capítulo reproduzindo um belo texto de Rubem Alves, extraído do seu livro *Do universo à jabuticaba*:

> *Eu disse "o" eixo, no singular, porque carro de boi, por razões da geometria e da física, só pode ter um eixo com duas rodas. Carro de boi com dois eixos e quatro rodas quebra. Por que é assim? Eu lhe pergunto: para garantir que todos os pés de um tamborete estejam assentados no chão, quantos pés ele deve ter? A resposta é fácil: três. Geometria: três pontos definem um plano. Tamborete de três pés está sempre assentado. Tamborete de quatro pés pode ficar manco. Basta um desnível no chão... Veículo de quatro rodas precisa de estrada boa, plana. Acontece que carro de bois foi feito para caminhos que nem são estradas, esburacados. Por isso, para não mancar, só têm três pontos de apoio: as duas rodas e os bois [...]. Olhando para um carro de bois de quatro rodas, eu começo a mancar.*

CAPÍTULO 20

# Um caso específico de uma visão tripartite: contradições

Verdade, bondade e beleza — O belo, a estética — Episteme, techne, phronesis — Raciocínios verticais e horizontais — Indução e dedução — Analogias e metáforas — O belo importa — A metodologia Triz — Ikujiro Nonaka — Immanuel Kant — Irmãos Wright — Santos Dumont.

Ikujiro Nonaka, em seu livro *Managing Flow: Teoria e casos de empresas baseadas no conhecimento*, apresenta uma visão muito interessante sobre a abordagem da inovação e da melhoria nas empresas, bastante ilustrativa para embasar o conceito que procuramos expor de visão tripartite, ou seja, três condições necessárias para que de fato tenhamos uma solução robusta.

Para o desenvolvimento da sua teoria, Nonaka utiliza alguns conceitos sobre os tipos de conhecimento registrados pelo filósofo grego Aristóteles (384 a.C.-322 a.C.) em seu livro *Ética a Nicômaco*, sendo eles *techne, episteme* e *phronesis*. Nonaka associa esses três tipos de conhecimento de uma forma muito interessante e intuitiva para aplicação na realidade atual.

Antes de mais nada, devemos ressaltar que Nonaka dá bastante valor à contradição e à estética. Em relação a esse último ponto, considera que "a empresa deve ter o seu próprio padrão de verdade, bondade e beleza [...], na ausência da beleza, a verdade cai na trivialidade".

Eis um momento interessante para ressaltar a relevância do belo em nossas vidas. A verdade compõe o belo. A coerência compõe o belo. A serenidade e a diversidade compõem o belo. De um ponto de vista sublime, o belo importa. E precisa ser respeitado. Inclusive pelas empresas.

Quanto ao aspecto das contradições, discutiremos, ainda neste capítulo, seu papel para o impulsionamento das inovações, utilizando exemplos de outro autor e uma outra abordagem conceitual, porém convergente e compatível com as abordagens de Nonaka.

Voltando aos três tipos de conhecimento expostos por Aristóteles, convém defini-los.

*Episteme* é o conhecimento específico e analítico, a verdade universal que é conhecida de forma explícita.

*Techne* é o *know-how*, o conhecimento técnico aplicado em nossos produtos e em nossas realidades.

*Phronesis* é a capacidade de captar a essência de uma situação e fazer a síntese de um conceito geral com uma aplicação particular. A capacidade de decidir e tomar a melhor atitude em meio a uma situação específica. Relacionado a valores, o saber por quê. Relacionado à "capacidade de optar pelos objetivos apropriados e desenvolver com sucesso os meios para alcançá-lo" (NONAKA; TOYAMA; HIRATA, 2010, p. 27).

Para tornar mais claro, façamos uma analogia com a fabricação de um carro.

*Episteme* trata do conhecimento mecânico, dos conceitos de tração, de combustão interna, de conversão proveniente de uma reação química em energia mecânica.

*Techne* trata da questão das ferramentas, do *know-how* capaz de transformar os conceitos da *episteme* em resultados práticos.

*Phronesis* tem a ver com o juízo de valor a partir do qual aplicamos a *techne* em nosso ambiente empresarial. Na analogia do carro, significaria por que fabricamos determinado carro, para uma família grande, uma família pequena, o que este carro tem de ter, a quais necessidades irá atender.

A inovação pode vir de qualquer tipo de conhecimento listado, porém, o que predomina em nossos dias é quando inovamos no porquê, em qual valor determinada tecnologia poderá trabalhar para atender às necessidades humanas.

Como foi dito, Nonaka também aborda as inovações decorrentes da solução de contradições. Mais uma vez, ele utiliza os exemplos da Honda:

> Na Honda as contradições são solucionadas com base em três níveis de questionamento. O primeiro é o nível A, que envolve questões sobre as especificações de projeto. Por exemplo, muitas contradições precisam ser solucionadas para se chegar a uma decisão final sobre as especificações do motor, como eficácia do combustível versus potência, ou segurança versus velocidade. (NONAKA; TOYAMA; HIRATA, 2010, p. 58)

A receita da Honda para a solução das contradições é "formular uma questão de nível mais alto, em vez de tentar encontrar o melhor equilíbrio entre as condições contraditórias".

E continua Nonaka:

> O segundo nível é o nível A0, que consiste em uma questão sobre conceitos. Os engenheiros retomam a questão de qual é o conceito do motor para um carro em particular e, em seguida, decidem quais especificações são necessárias para realizar o conceito. Se as contradições não puderem ser resolvidas com as questões de nível A0, então o questionamento avança para o terceiro nível, que se chama A00. Esta é uma questão existencial relacionada ao porquê e para quê. Por exemplo, qual o propósito da Honda ao fazer aquele carro em particular? Ou ainda, com que propósito a Honda existe acima de tudo? "Qual o seu A00?" é um refrão ouvido frequentemente nas operações cotidianas da Honda. (NONAKA; TOYAMA; HIRATA, 2010, p. 58)

Questões de níveis mais altos nos ajudam a entender as contradições, e enxergar a essência é uma habilidade que nos ajuda a enxergar intuitivamente o significado das coisas.

Ou seja, temos de saber enxergar a floresta e também enxergar as árvores. Em determinado momento nos é exigido saber enxergar os conceitos e o movimento geral da natureza e das relações humanas, e em determinadas ocasiões precisamos entender o reflexo prático desse conceito em microssituações e para embasar microdecisões que tomamos em nossas vidas.

Nesse ponto, é essencial entender os princípios universais e aplicá-los em uma situação específica. Para essa finalidade, métodos de raciocínio verticais — a saber, *processo indutivo* e *processo dedutivo* — e processos de raciocínio horizontais — a saber, *metáforas, analogias* e *narrativas* — são nossos aliados nesse desafio.

Os processos de raciocínio lógico permearam toda a história da humanidade, desde Aristóteles, passando por Francis Bacon e Immanuel Kant. Bacon foi um filósofo inglês que viveu de 1561 a 1626. Aristóteles começou a estabelecer os fundamentos da lógica; Bacon, os da ciência, buscando fazer um contraponto às ideias e crenças preestabelecidas pela cultura medieval.

O conjunto da obra desses filósofos do raciocínio, da lógica e da ciência formatou a estrutura mental para o *raciocínio indutivo* e o *raciocínio dedutivo*.

A indução tem a ver com construir o discurso da ciência com base nos fatos observados, por meio da passagem de certas proposições a outras. Passar do *invisível* para o *visível*. O passado já é conhecido. Mas quando construímos o futuro a partir do passado, estamos realizando um raciocínio indutivo, do conhecido ao desconhecido, do visível ao invisível.

> Já sabemos que você se interessa por gansos e já fez mesmo uma pesquisa: dez mil gansos você viu e, a partir deles, vem o salto indutivo: "Todos os gansos são brancos". Você viu todos os gansos? Não. Neste caso específico, a passagem não foi do passado para o futuro, mas de alguns para todos. (ALVES, 1986, p. 116)

No raciocínio *indutivo* você dá um salto do passado para o futuro, do particular para o geral, a partir dos argumentos visíveis que evidencia.

O raciocínio *indutivo* representa uma direção oposta do pensamento em relação ao raciocínio *dedutivo*. Na dedução, você parte de um conhecimento universal, geral. Por exemplo: o quadrado da hipotenusa é igual à soma dos quadrados dos catetos, cuja afirmação é universalmente válida e pode ser demonstrada. Não seria possível a existência de um triângulo retângulo que não fosse coerente com essa regra. Segundo Rubem Alves:

> Na demonstração o que se faz é exatamente isto: dado um certo ponto de partida, o pensamento examina as conclusões inevitáveis que se seguem [...]. (ALVES, 1986, p. 117)

e

> O pensamento indutivo se levantou contra a ciência medieval, que pretendia ampliar o conhecimento da natureza através da dedução. Mas a dedução não serve para ampliar conhecimento de coisa alguma. Ela só serve para garantir o rigor do caminho seguido pelo pensamento, quando ele pensa sobre si mesmo. (ALVES, 1986, p. 118)

Voltando à questão sobre a maneira como podemos obter uma mãozinha dos conflitos existentes, no âmbito dos produtos e serviços ofertados, para os nossos processos de criação e inovação, expomos a seguir a metodologia Triz.

A metodologia Triz foi desenvolvida pelo russo Genrich Altshuller, em meados da década de 1940, a partir da sua experiência como funcionário de administração de patentes para a Marinha russa.

Genrich revisou aproximadamente 40 mil patentes, procurando obter um padrão para o processo inventivo, um pensamento sistematizado que identificasse uma "lógica da inovação" a fim de solucionar problemas.

A metodologia Triz contempla quarenta princípios, um roteiro para que se possa enxergar o problema e encontrar uma solução, partindo da declaração de uma contradição. Ou seja, a aparente contradição é o motor do processo de inovação. Um problema técnico é definido por sua contradição, e os princípios listados ajudam no processo criativo de buscar soluções para a contradição, chegando, portanto, à inovação.

Um exemplo clássico utilizado para o entendimento dessa metodologia é o seguinte: um avião precisa de asas grandes para garantir estabilidade durante a decolagem e a aterrissagem. Por outro lado, asas grandes aumentam o atrito com o ar e diminuem a velocidade do avião, fatores indesejados para efeito de desempenho do voo. A solução de compromisso seria municiar o avião com asas médias — nesse sentido, optar por ficar no meio do conflito. O conflito se resolve definitivamente desenvolvendo-se um mecanismo de expansão das asas durante a decolagem e a aterrissagem e de retração durante o voo.

Mais um exemplo. Os irmãos norte-americanos Wright possuíam uma loja de bicicletas. A grande inovação do projeto do *Flyer* (o primeiro avião desenvolvido por eles) era o controle de leme, permitindo que o avião desenvolvido restabelecesse o equilíbrio angulando as asas. Dessa forma, o projeto dos irmãos Wright privilegiava o controle em detrimento da estabilidade. O brasileiro Santos Dumont tinha experiência com balões. O seu projeto para o *14-Bis* privilegiava a estabilidade em detrimento do controle. Com o projeto do *Demoiselle*, utilizando inovações como asas arqueadas, Santos Dumont conseguiu grandes avanços, conciliando os aspectos de estabilidade e controle. Com isso, alcançou um novo patamar de desempenho da sua invenção.

Para encerrar este capítulo, vamos voltar novamente a Nonaka, a fim de entender por que fazemos ou por que determinada situação ocorre, utilizando um método de raciocínio apresentado por ele, chamado correntemente de 5W(5 Whys, em inglês, ou 5 Porquês, em português).

Nesse ponto, Nonaka embasou seu conceito no exemplo e na aplicação prática da Toyota, decorrente do conflito entre custo e qualidade, ou seja, como alcançar o que considera o nível ideal de qualidade e custo:

> [...] foi a criação de um novo conhecimento na empresa na forma de como hoje é conhecido como Sistema Toyota de

Produção, um novo sistema de fabricação que superou o paradoxo e possibilitou que a empresa alcançasse o custo baixo juntamente com a alta qualidade. A abordagem da empresa para solucionar o problema consistiu na prática de perguntar "por quê?" cinco vezes. Com o novo sistema de produção, a prática se iniciou com uma situação em que havia excesso de estoque em peças. Por isso, a primeira pergunta foi "O que deve ser feito aqui?", seguida da pergunta relacionada, "Por que há um excesso de estoque?". Após a pergunta "Por quê" ter sido feita mais quatro vezes, os funcionários concentraram-se cada vez mais na resposta. Por exemplo: "Produzimos o excesso de peças porque recebemos ordem para isso, ainda que não houvesse necessidade". (Por quê?) "Porque seguimos a produção na linha de frente, mesmo com o surgimento de um problema na retaguarda do processo." (Por quê?) "Porque não fomos avisados que essas peças não eram mais necessárias para a retaguarda do processo." (Por quê?) "Porque a produção se baseia em um sistema de 'empurrar', no qual a linha de frente empurra o que ela produz para a retaguarda, independentemente de suas necessidades." A solução encontrada pela Toyota foi a construção de um sistema produtivo de retaguarda, no qual a retaguarda anuncia para a linha de frente a quantidade exata de peças que necessita. Ao empregar tanto a lógica horizontal quanto a vertical em uma cadeia cinética de premissas secundárias e conclusões baseadas em contextos específicos, a Toyota ingressou em um processo de universalização que avançou de uma otimização parcial para uma otimização mais completa. (NONAKA; TOYAMA; HIRATA, 2010, p. 94)

## CAPÍTULO 21
# As armadilhas da comunicação

Cuidando de nossas percepções — História da barata e da esposa e do marido.

A qualidade e a estrutura no exercício da comunicação são de fundamental importância para que tenhamos qualidade no quadro mental que servirá de critério para a tomada de decisão. O conhecimento de alguns mecanismos e influências que afetam essa qualidade nos permite estar mais preparados para o desafio de pensar e tomar decisão com qualidade.

No exemplo a seguir, vemos o mecanismo de um dos tipos de influência que pode mudar a nossa percepção.

Em 2016, dois veículos de comunicação de renome publicaram na mesma data e a partir da mesma fonte uma notícia sobre o nível de atividade da economia brasileira. Apesar de partirem do mesmo fato de origem, as mensagens passadas ao público induzem a percepções totalmente diferentes.

> Economia
> **FMI diz que recuperação da economia do Brasil será lenta**
> Esperanças de uma rápida recuperação haviam sido levantadas após Michel Temer assumir a Presidência em decorrência do impeachment de Dilma
> Por Da redação 15 nov 2016, 21h46

> Economia
> **FMI avalia que economia brasileira está perto de sair da recessão**
> Publicado em 15/11/2016 - 19:56

**Figura 16** — Exemplo de como um mesmo fato pode induzir a diferentes interpretações.

Nenhuma das notícias exclui ou logicamente entra em conflito com a outra. *Estar perto de sair da recessão* e *recuperação lenta da economia* são compatíveis, porém, cada estrutura tem um foco diferente e, portanto, poderá induzir a percepções diferentes da nossa parte.

Sendo assim, temos de estar preparados para separar fato e juízo de valor do próprio fato.

Já usamos o exemplo, em capítulo anterior, sobre a diferença de se afirmar "João é alto" e "João tem 1,90 metro".

A questão da própria estrutura e da sequência lógica da comunicação poderá gerar percepções diferentes.

Uma história bastante descontraída nos ajuda a gravar bem esse ponto.

> *A esposa pediu ao marido para ir ao supermercado comprar bananas:*
> *— Traz 2 kg de bananas e se tiver ovos traz 5.*
> *O marido voltou com 5 kg de bananas.*
> *— Por quê? — perguntou a esposa.*
> *— Porque tinha ovos — respondeu o marido.*

Falamos aqui brevemente sobre falácias, que exploraremos no próximo capítulo. Cuidado com as falácias!

Mas, antes, uma história descontraída, existente na literatura técnica, para ilustrar como as nossas convicções podem afetar e influenciar as nossas próprias conclusões, o que chamamos de "dissonância cognitiva".

> *Tratava-se de um cientista que treinava baratas para pular alto. Após o treinamento e querendo deixar registradas as suas observações, colocou uma delas numa pista de 10 cm de comprimento.*
> *À ordem de pular, o inseto pula e o cientista registra com filmagem, fotos e anotação que validam a sua hipótese (o mito diz que gravou até o som do movimento pelo esforço).*

*Na primeira tentativa, registrou que a barata pulou 3 cm. Ato seguinte, e sem constrangimento, arrancou-lhe duas pernas. Colocou-a na linha de largada e deu a ordem de pular. O cientista, muito sério, registra tudo novamente, para assegurar o seu rigor científico: "Barata com quatro patas salta 2 cm".*

*Assim se repete, até com enorme frieza, e a deixa sem patas. Novamente ordena que pule, porém a barata não se move. Salta! Pula! Insiste várias vezes, e sempre com o mesmo resultado, a barata não se mexia.*

*Ao final, ao deixar tudo devidamente documentado, o cientista registra: "Barata sem pernas fica surda!".*

CAPÍTULO 22

# Cuidado com as falácias!

Falácias — História do verdadeiro escocês — Tautologias.

No desenvolvimento do nosso exercício de pensar claramente, as falácias são as nossas inimigas. Estão em toda parte e podem nos pegar de forma bastante desavisada.

Falácias são afirmações, mensagens e raciocínios que nos induzem a aceitar uma ideia ou entendimento, porém possuem alguma anomalia que de fato os torna falsos. São aparentemente corretos, mas nos levam a falsas conclusões.

Resumindo, é um raciocínio ou estrutura verbal errados, com aparência de verdadeiros.

Existem muitos agrupamentos e tipos de falácias. Neste capítulo vamos comentar alguns tipos, para que tenhamos o conceito bem claro e possamos interpretar e nos defender melhor quando situações desse tipo surgirem.

Ocorre, por exemplo, quando atribuímos uma opinião a um especialista, sem, entretanto, validar a opinião em si ou mesmo a qualificação do especialista. Se "alguém" falou, então esse dito está correto, pois quem "falou" é famoso e renomado.

Ocorre quando resgatamos algum fato do passado para justificar uma opinião hoje, porém esse fato pode ser isolado, sem relação com o contexto atual.

Ocorre quando dramatizamos parte da sentença para justificar o argumento principal. Por exemplo: "Se o consumo da maconha for legalizado para fins específicos, em pouco tempo nossas ruas estarão cheias de viciados". Nesse caso, exagera-se a consequência da legalização da maconha para defender a ideia e a opinião principal.

Ocorre quando forçamos uma conclusão, quando não temos como provar. Por exemplo, "tem um fantasma na mansão em frente".

Ocorre quando valorizamos muito o que fizemos, porém o que não fizemos tem consequências maiores.

Ocorre quando vamos a uma livraria ou a um restaurante e perguntamos se o livro ou o prato é bom, e nos respondem que sim, é o que mais se vende.

Ocorre quando fazemos inversões em nossas declarações, pois "confundir um urso com uma pedra é diferente de confundir uma pedra com um urso". As consequências são bem diferentes.

Ocorre quando atribuímos alguma característica a um indivíduo, tentando justificar o todo, por exemplo: "Antonio é um mau funcionário, por isso esta empresa não vai para a frente". Ou quando utilizamos um fato para justificar a nossa proposição: "Antonio chega atrasado todo dia, ele está muito desmotivado". O fato de Antonio chegar atrasado todo dia não necessariamente ocorre porque ele está desmotivado. Pode ser que ele esteja com problemas pessoais, de locomoção ou algum outro motivo.

A frase "Aqui sempre funcionou assim" pode ser utilizada para se afirmar uma decisão ou atitude, mesmo que não seja necessariamente verídica para o momento atual.

Um exemplo clássico é a muito utilizada didaticamente e conhecida como *falácia do verdadeiro escocês*, na qual se encontra uma ambiguidade, apresentando argumento e contra-argumento, tornando inválido o argumento inicial:

>Interlocutor A: *Todo verdadeiro escocês gosta de uísque.*
>Interlocutor B: *Meu pai é escocês e não gosta de uísque.*
>Interlocutor A: *Então seu pai não é um verdadeiro escocês.*

Por se aplicar bem a este capítulo, repetimos nossa explicação sobre o conceito de tautologia, anteriormente exposto.

Na sentença "Eles perderam o jogo porque não estavam motivados", *não estarem motivados* surge como explicação causal de terem perdido o jogo. E se perguntarem como sabemos que não estavam motivados, a resposta mais provável será: "Eles perderam o jogo, não perderam?". Como dito em capítulo anterior, a tautologia é a armadilha da lógica circular, que gera relações e conclusões insensatas. O problema é que lógica circular soa correta, o que pode facilitar a continuidade do argumento, reforçando um raciocínio ilógico.

CAPÍTULO 23

# Como medir nosso progresso

Escada da competência — O que eu faço e devo fazer — O que eu faço e não deveria fazer — O que eu não faço e deveria fazer — O que eu não faço e não devo fazer.

Este capítulo inicia com uma explicação sobre o conceito conhecido como *escada da competência*, entre outros nomes atribuídos a ele.

A *escada da competência* apresenta quatro tipos de cognição que podemos ter em decorrência de um pensamento, atitude ou aprendizagem, a saber: *incompetência inconsciente, incompetência consciente, competência consciente* e *competência inconsciente*. Esses tipos estão em gradação linear, do pensamento mais frágil ao mais robusto, de um menor nível de maturidade pessoal para um maior nível de maturidade, resultado do nosso nível de consciência e da profundidade com que tornamos essa consciência natural para nós mesmos. Explicamos.

No primeiro tipo, a *incompetência inconsciente*, não temos e não sabemos que não temos determinada competência, portanto, nem sabemos que temos de aprender e desenvolver essa competência. Estamos desavisados, inconscientes, desprovidos de oportunidade para obter determinada competência. Nesse aspecto, a busca pelo autoconhecimento ou a obtenção de feedback de outras pessoas nos ajuda a evoluir na escada da competência.

No segundo tipo, a *incompetência consciente*, não temos determinada competência, mas temos ciência disso e, portanto, temos o caminho aberto para obter aprendizagem e seguir na escala do desenvolvimento e da evolução.

O terceiro tipo da escada, a *competência consciente*, ocorre quando já incorporamos determinada competência, sendo ela, porém, recente, e ainda temos de pensar um pouco para aplicá-la quando necessário.

É como um jogador de tênis que aprendeu como empunhar a raquete, como torcer e girar o pulso, como dar o saque, como cortar a bola, porém, ao fazer isso, sempre tem de pensar sobre os fundamentos que aprendeu antes de executar o movimento.

O quarto tipo da escada, a *competência inconsciente*, ocorre quando temos determinada competência plenamente incorporada, a tal ponto que a nossa consciência a torna natural e praticamente intuitiva. É o exemplo de um jogador de futebol ou de um tenista profissional, em que suas jogadas e movimentos são intuitivos, simplesmente ocorrem, e de forma eficiente, sem ter de pensar ou planejar muito antes que as ações sejam executadas.

Neste momento seria oportuno exercitarmos a questão das afirmações positivas e negativas, que nos ajuda, e muito, a avançar em nossos arranjos mentais e na tomada de decisão.

Sugerimos um método que pode ser complementar à *escada da competência* e muito eficiente para a tomada de decisão e a melhor qualificação de nossos pensamentos e atitudes. É bastante simples e passa pela elaboração de quatro perguntas, intercalando os contextos positivo e negativo de cada situação. São elas: *O que eu faço e devo fazer?*, *O que eu faço e não deveria fazer?*, *O que não faço e deveria fazer?* e *O que não faço e realmente não devo fazer?*

Este é um bom momento para expressar novamente ao leitor nossa confiança e convicção de quanto esses pequenos métodos, simples e objetivos, agregam valor e são de fundamental importância para aumentar a nitidez de nossos pensamentos, o que abrirá um caminho para o florescimento de nossa consciência, que ao final se reflete positivamente em nossas estratégias e ações.

A primeira questão, *o que eu faço e devo fazer*, corresponde aos pensamentos, ações e competências que temos aplicado e que comprovadamente provocam efeitos bem-sucedidos e vantajosos para nós e para os grupos dos quais participamos. São os aspectos exitosos (segundo nosso juízo), que devemos aprofundar e aplicar de forma recorrente.

A segunda questão, *o que eu faço e não deveria fazer*, decorre do autoconhecimento ou do feedback e corresponde à correção de rumos ou de hábitos que fazem parte de nossa vida, mas que deveríamos evitar, pois conscientemente sabemos que não são meritosos ou de valor agregado.

A terceira questão, *o que não faço e deveria fazer*, também oriunda do autoconhecimento ou do feedback, corresponde a situações que não são práticas comuns ou hábitos em nossa vida, mas que seriam de valor agregado caso decidíssemos incorporá-las. São novos pensamentos, ações e rotinas que podemos passar a exercitar, ou seja, são oportunidades de crescimento e de melhoria.

A quarta e última questão, *o que não faço e realmente não devo fazer*, refere-se a situações que sabemos que não são de mérito ou de valor agregado — temos de tomar cuidado para não recair nelas.

CAPÍTULO 24

# Propósito e significado

Martin Luther King — Propósito — OKR *(Objective and Key Results)* — Spartacus — Mario Quintana.

Iniciamos este capítulo reproduzindo parcialmente o discurso do pastor protestante norte-americano Martin Luther King, proferido em 28 de agosto de 1963, em Washington, DC, EUA.

> [...] não estaremos satisfeitos enquanto a justiça não correr como as águas, e a retidão, como uma corrente poderosa.
> [...] Eu tenho um sonho de que um dia esta nação se erguerá e viverá o verdadeiro significado da sua crença: "Consideramos estas verdades evidentes por si mesmas, que todos os homens são criados iguais". [...] Eu tenho um sonho de que meus quatro filhos pequenos um dia viverão em um país onde não serão julgados pela cor de sua pele, e sim pelo conteúdo do seu caráter. Hoje, eu tenho um sonho. [...] Essa é a fé com a qual voltarei para o Sul. Com essa fé, poderemos esculpir na montanha do desespero uma pedra de esperança. Com essa fé poderemos transformar as discórdias dissonantes do nosso país em uma bela sinfonia de fraternidade. Com essa fé, poderemos trabalhar juntos, rezar juntos, ser presos juntos, defender a liberdade juntos, sabendo que um dia seremos livres.

Em seu discurso, Martin Luther King apresentou de forma clara seu sonho, mas, mais do que isso, seus valores e o significado desses valores para ele.

Propósito tem a ver com importância, com significado. O que significa para mim isto que estou fazendo? Serve para checar se nossas atitudes estão alinhadas com o bem que queremos fazer para nós mesmos e para a sociedade. E quando mudamos o significado, mudamos o que vemos.

Estarmos comprometidos com um propósito permite que levantemos de manhã ou tomemos atitudes com vitalidade, mesmo que as coisas não estejam bem. É ter a resposta para as perguntas: O que eu quero comemorar? O que eu quero transformar?

Propósito não necessariamente é algo que se consegue, que se obtém. Isso nós deixamos para os objetivos e metas. Propósito é o insight inspirador que estabelece o norte que temos de perseguir. E quando o propósito nos parece muito distante, o estabelecimento de objetivos intermediários, que devem ser comemorados sempre que forem alcançados, ajuda-nos muito.

Temos de nos deixar ser inspirados pelo nosso propósito, mas manter a coragem e a confiança na jornada que traçamos. Temos de começar voltando o olhar para o primeiro objetivo intermediário, e seguir em frente, galgando cada degrau no seu tempo e de acordo com as condições que se apresentam.

No mundo empresarial, uma metodologia muito interessante compatível com esse caminho é a chamada OKR — *Objectives and Key Results* (Objetivos e Resultados-chave, em português). Há bastante material disponível sobre a OKR na internet.

Propósitos também são importantes para validar a nossa jornada. *Se eu fizer isto, chegarei aonde quero?*

Em nossa jornada, temos de desenvolver as competências que nos levarão ao nosso propósito, e a vontade de se preparar tem de ser maior que a vontade de vencer. É por meio da disciplina que fazemos a ponte do nosso propósito com o mundo.

Reforçando: competência corresponde às nossas habilidades cruzadas com as necessidades do mundo.

Você sabe fazer algo muito bem e o mundo necessita disso que você sabe fazer muito bem, dessa habilidade. Porém, se for além, se a sua competência estiver aliada a um sistema de valor significativo para você, a um propósito, você estará num nível bastante elevado de motivação e de estabelecimento e alcance dos seus objetivos.

Perseguir propósitos nos leva a crescer. Proporciona ao nosso intelecto uma sensação de missão.

Estamos muitas vezes envolvidos em ambientes profissionais que não necessariamente alimentam nossos propósitos. Pode ser que atuar aplicando nossas competências em nossos propósitos e valores não seja propriamente uma opção, mas sim uma questão de oportunidade ou de necessidade.

Em um artigo escrito por Peter Drucker, ele conta que, no início de sua carreira, foi contratado como estagiário. Nessa condição, ele foi incumbido de uma atividade à qual ninguém prestava atenção. Ninguém acompanhava ou avaliava o resultado do seu trabalho. Se fizesse bem-feito ou malfeito, não faria diferença. Porém, naquele momento, ele decidiu que faria bem-feito qualquer coisa na vida, mesmo que não houvesse ninguém para atestar ou para ver o resultado. Esse princípio também pode ser um propósito de vida, ou ao menos norteará nossas atitudes para construirmos novas oportunidades alinhadas com o que queremos, e possamos aproveitá-las.

Como se diz no senso comum, a honestidade é notável quando não há testemunhas. Se vivermos alinhados ao nosso propósito, a honestidade tornar-se-á muito mais natural.

O filme *Spartacus* conta a história de um escravo-gladiador romano que se rebelou contra o Império Romano em 71 a.C. Apesar de várias vitórias, os escravos foram dominados pelo general romano Marcus Crassus. Em uma cena do filme, Crassus diz aos sobreviventes do exército de Spartacus: "Vocês eram escravos e voltarão a ser escravos. Entretanto, serão poupados da pena de crucificação por clemência das legiões romanas. Basta apenas me entregarem o escravo Spartacus, pois não sabemos quem ele é".

Um atrás do outro, os escravos se levantam e repetem "*Eu sou Spartacus*", e no transcorrer da cena, todo o exército escravo fica em pé.

Tendo reproduzido fielmente a história ou não, esse episódio nos mostra uma verdade. A lealdade não era ao homem Spartacus, mas à causa que os inspirava, movia e unia. Um exemplo de engajamento e comprometimento, tendo por inspiração um propósito comum, do qual ninguém estava disposto a abrir mão.

Para concluir este capítulo, um lindo poema de Elaine Matos.

> De repente tudo vai ficando tão simples que assusta. A gente vai perdendo algumas necessidades, antes fundamentais e que hoje chegam a ser insignificantes. Vai reduzindo a bagagem e deixando na mala apenas as cenas e pessoas que valem a pena. As opiniões dos outros são unicamente dos outros, e mesmo que sejam sobre nós, não têm a mínima importância.
>
> Vamos abrindo mão das certezas, pois com o tempo já não temos mais certeza de nada. E de repente isso não faz a menor falta. Paramos de julgar, pois já não existe certo ou errado, mas sim a vida que cada um escolheu experimentar.
>
> Por fim entendemos que tudo que importa é ter paz e sossego. É viver sem medo, e simplesmente fazer algo que alegra o coração naquele momento. É ter fé. E só.

## CAPÍTULO 25

# Propósito: duas histórias

Viagem à Lua — A história do navegador Shackleton — Júlio Verne.

## Viagem à Lua

Vamos ilustrar o tema *propósito* com uma história ficcional e uma história real.

Em seu livro de ficção *Viagem à Lua*, Júlio Verne, com sua imaginação prodigiosa, projeta seus sonhos e visões numa fantasia muito interessante, muito à frente do seu tempo, mas que mais tarde converteu-se em realidade.

No livro, os membros do Gun Club, uma associação de artilheiros fundada em Baltimore, tiveram a ideia de entrar em comunicação com a Lua enviando uma bala de canhão. Esse projeto, que passou a ser o sonho e o propósito do grupo envolvido, veio do tédio e do ócio decorrentes do fim da guerra na América. Precisavam de um sonho para preencher suas vidas.

Do sonho veio um plano.

Consultaram astrônomos do Observatório de Cambridge sobre a viabilidade do projeto. Realizaram uma subscrição pública para financiamento da ideia. Definiram latitude e longitude onde deveriam fixar o projétil. Definiram os requisitos da velocidade inicial da bala. Anteciparam o momento adequado decorrente da posição da Lua, que deveria estar em seu zênite.

Obstáculos atrás de obstáculos foram sendo listados e resolvidos.

Eram vários aspectos a serem considerados. Vejamos, a forma e a composição ideais do projétil; a natureza e a disposição deste; a qualidade e a quantidade da pólvora a ser empregada; a quantidade de gás a ser desenvolvida sob o projétil com a explosão; a forma da bala, que deveria ser cilindrocônica; o canhão, que deveria ser fundido diretamente no chão, ter 12 polegadas de espessura e pesar cerca de 19.200 libras. Entre inúmeras outras características.

O projeto atraiu multidões. Houve comícios. Um aventureiro francês veio à América especialmente para participar do projeto e ofereceu-se para fazer a viagem no lugar da bala. A multidão se empolgou. Outras pessoas também se ofereceram. Três pessoas foram escolhidas para fazer a viagem.

Problemas ocorreram. Tinham a data exata da posição da Lua sob a qual teriam de realizar o lançamento, senão perderiam o momento. Uma acumulação de nuvens na atmosfera impedia a observação. Animais foram previamente testados como tripulação, com tiros curtos. Os animais morreram. Um deles nunca foi encontrado e entenderam que o animal maior havia se alimentado do menor quando estavam dentro do canhão.

Bom, o desfecho do livro fica por conta do leitor interessado.

Essa história nos ensina que nossos sonhos e propósitos podem arrastar multidões e romper limites, independentemente de seu desfecho, mesmo quando a "multidão" se restringe a nós mesmos.

## O explorador Shackleton e a expedição do Endurance

Ernest Shackleton foi o capitão explorador da Expedição Imperial Transantártica, que partiu em agosto de 1914 com 27 homens e tinha o objetivo de atravessar o continente antártico a pé.

Sua história e da sua expedição é utilizada atualmente por acadêmicos e estudantes como estudo de caso envolvendo temas como liderança, resiliência e gestão de projetos.

Aos 15 anos, Shackleton anunciou que seria marinheiro, e não médico, e se credenciou como capitão na Marinha inglesa, iniciando suas aventuras marítimas.

Foi humilhado na expedição do capitão Scott, no navio *Discovery*, pois sentiu-se mal e ficou fisicamente abalado.

Realizou outra expedição em um navio chamado *Nimrod*, que também fracassou.

Planejou uma nova expedição com o navio *Endurance*, a embarcação com que finalmente levou a cabo a realização da sua grande expedição. Para o planejamento, analisou os pontos fracos das expedições anteriores, como a fragilidade do estoque de alimentos. Para o recrutamento dos marinheiros, buscando homens cujo perfil apresentasse menos ênfase em conhecimento e mais em comportamento e caráter, em virtude das dificuldades que sabia que seriam enfrentadas, publicou o seguinte chamado:

> *Precisamos de homens para jornada perigosa, baixos salários, longos meses em completa escuridão, perigo constante, retorno seguro duvidoso e reconhecimento em caso de sucesso.*

Partiram em dezembro de 1914. Uma série de tragédias se sucedeu. Em 18 de janeiro de 1915, o navio ficou preso na neve já na região da Antártida. Sem perder o otimismo, anunciou os riscos à tripulação e se preparou para o inverno. Fez com que todos mantivessem a rotina e a disciplina, incluindo os cientistas. Simulou várias contingências e planos centenas de vezes. A água começou a entrar e o *Endurance* foi abandonado. Mesmo assim, não deixava nenhuma dúvida de quem estava no comando. Sabia que era julgado pelo que dizia e pelo que fazia.

Chamou a tripulação e apresentou as alternativas. Decidiram viajar 350 milhas a noroeste, na esperança de encontrar uma base. Neve pesada atrasou a saída. Saíram apenas no final de 1915. Em novembro, o *Endurance* afundou. Avançavam apenas 1,5 milha por dia. Atingiriam o objetivo em 300 dias. No início de 1916, alguns cães não puderam mais ser alimentados e foram mortos. Elaborou outro plano. Escolheu cinco dos homens para viajar 800 milhas a leste. Saíram em 26 de abril de 1916. Pisaram em terra, na ilha Elephant, a 60 milhas de onde estavam.

Quando o tempo abriu, viram que estavam indo na direção errada. Baleias assassinas, ventos e ondas ameaçavam os botes. Chegaram à costa, precisavam andar 20 milhas até o posto habitado. Shackleton deixou alguns homens e iniciou a caminhada, que levou 36 horas. Para não congelarem, não deixava ninguém dormir por mais de 5 minutos. Chegaram a uma base e o capitão programou um bote para resgatar os três homens que deixara para trás.

Emprestou um navio baleeiro e o gelo o bloqueou a 60 milhas das Ilhas Elephant. Navegou para as Ilhas Falkland. Em decorrência da Primeira Guerra Mundial, o governo inglês não tinha navios. Apelou para o Uruguai, que ajudou, porém tiveram de voltar após alguns dias. Obteve outro navio do Chile. A 100 milhas da ilha, tiveram de voltar. Obteve outro navio chileno. Chegou à ilha Elephant em 30 de agosto de 1916 e resgatou toda a tripulação.

O objetivo final não foi alcançado, mas talvez o espírito da sua missão, sim. Não perdeu nenhuma pessoa da sua tripulação.

CAPÍTULO 26

# Entropia

Troca de energia entre sistemas abertos.

*Entropia* significa que todo sistema aberto — no sentido de que realiza troca de energia com o meio — se desenvolve em detrimento de outro sistema. Nós, seres vivos, para nos desenvolver e crescer, realizamos isso à custa de organismos animais e vegetais.

Quanto maior o nível de organização de um sistema, menor o nível de entropia. Uma jazida de minério de ferro possui mais entropia do que uma torre de aço, por exemplo, a Torre Eiffel, feita do próprio minério.

Para otimizar a nossa organização, temos de reduzir a entropia do sistema em que atuamos (empresa, carreira etc.), pois o caminho da natureza é o da desorganização.

Assim, temos de caminhar na contramão, reduzindo a entropia conforme aumentamos a ordem em determinado sistema. O caminho da natureza é unilateral, irreversível. Podemos transformar uma jazida de minério de ferro numa torre, mas não o contrário.

Para dar um exemplo, procuramos, em nossas empresas, obter o maior nível de rentabilidade e ordenamento possível. Por definição, nesse caso, trabalhamos com um sistema reduzindo a sua entropia, ou seja, reduzindo o seu grau de desordem.

Essa busca por rentabilidade e organização, por definição, ocorre à custa de outros sistemas e recursos (recursos financeiros da empresa, nosso tempo ocioso etc.).

Precisamos transferir energia originária de outros sistemas ou capitais. Pelo princípio da entropia, organização e ordenamento exigem suor!

Porém, neste ponto temos uma ressalva importante, em conexão com o que falamos antes sobre simplicidade e simplicidade inerente.

Sendo assim, a simplicidade é coerente e saudável para organizarmos entropicamente nossos sistemas sem sobrecarregar ou prejudicar em demasia outros sistemas. Novamente, vale a pena citar a frase atribuída a Leonardo da Vinci: "A simplicidade é o último grau de sofisticação", ou a imputada a Antoine de Saint-Exupéry: "A perfeição é atingida não quando não há nada a acrescentar, mas quando não há nada para tirar".

# Considerações finais

Terminei o meu primeiro livro, *Conquistando resultados superiores*, com a frase: "Missão é aquilo que nos traz para a vida".
Também, naquela última página, havia uma frase de Peter F. Drucker: "O negócio de toda empresa é mudar vidas".
Falamos bastante nas páginas anteriores sobre a visão da trilogia, e da necessidade de sempre termos o que chamamos de *três condições necessárias* para alcançar uma solução completa e suficientemente robusta, visão que encontra embasamento na abordagem tripartite de Platão, também explorada neste livro.
Como vimos anteriormente, as *dualidades* constituem a realidade intrínseca à nossa sociedade, sobre as quais constantemente temos de nos debruçar e tomar decisões. Temos de encontrar um caminho que aumente a qualidade de nossas decisões, e, na dúvida, faremos sempre o que nos parecer mais correto.
Cada um de nós assume diversos papéis em nossos grupos de convívio. Com nós mesmos, em relação às nossas empresas, às nossas famílias, aos amigos e contemporâneos em geral. Viver bem tem a ver com conhecer e executar os nossos papéis da melhor forma possível. Tudo o que fazemos bem, o que não fazemos bem e o que deveríamos fazer e não fazemos impacta nossa vida e a dos outros. Qualificar o nosso modelo mental para a tomada de decisões e atitudes é fundamental para a qualidade da vida de todos nós.
Qual é o caminho para ser bem-sucedido nesse desafio? Certamente não é fácil, mas gostaria de encerrar este livro com uma sugestão, uma visão tripartite que considero a mais fundamental. Trata-se da trilogia PROPÓSITO, CONHECIMENTO e BONDADE, que embasa tudo o que foi dito até aqui, na jornada deste livro, buscando sabedoria em um pequeno número de sábios, cientistas e filósofos que nos precederam, e também em muitos sábios anônimos.
Seguindo o mesmo raciocínio, podemos afirmar:

*Conhecimento* e *bondade* sem *propósito* resultam em um barco sem rumo, sem norte, sem objetivos.

*Propósito* e *bondade* sem *conhecimento* resultam em um barco sem vela, sem motor, sem os recursos que facilitam a navegação, a jornada.

*Propósito* e *conhecimento* sem *bondade* resultam em um barco poderoso, mas que poderá nos levar a situações totalmente indesejáveis.

Considero a palavra *bondade* a mais digna do vocabulário, por denotar, além de uma intenção positiva construtiva, uma intenção descompromissada, que não precisa ser legitimada, ela é meritória em si mesma.

O olhar para trás nos leva ao reconhecimento de heróis cujos inventos e pensamentos foram registrados pela história, que nos deram respostas e nos ajudaram a superar as anomalias, o inesperado. Mas existem muitos outros heróis desconhecidos, além daqueles que afortunadamente foram reconhecidos pela história. Assim, junto-me a Nassim Taleb (2014) em seu agradecimento:

> "Nossa gratidão aos que nem ao mesmo souberam que foram heróis, e que nos ajudaram a seguir adiante."

A vida não tem nada de completo e acabado, segundo Sêneca. Não podemos e não temos como precificar o valor da vida humana, embora muitos segmentos de negócio o façam. O que precisamos é seguir adiante com sabedoria e passar de um projeto para outro, numa visão de jornada, que permita o nosso constante aprimoramento.

Às vezes falhamos em nossos projetos, mas o importante é estarmos do lado certo. Como bem disse Darcy Ribeiro: "Detestaria estar no lugar de quem me venceu".

Se **missão é aquilo que nos traz para a vida, propósito, conhecimento e bondade** são o que nos ajudam na jornada.

Obrigado.
*João Luiz Simões Neves*

*"Vá, pensamento, sobre asas douradas
Vá e pousa sobre as encostas e sobre as colinas
onde exalam perfumes mornos e macios
a brisa doce da terra natal!"*

*(Trecho da ópera Nabucco, de Giuseppe Verdi)*

# Bibliografia recomendada

ALVES, Rubem. *Filosofia da ciência:* introdução ao jogo e suas regras. São Paulo: Brasiliense, 1986.

ALVES, Rubem. *Do Universo à jabuticaba.* São Paulo: Planeta, 2016.

ARGYRIS, Chris. *Enfrentando defesas empresariais:* facilitando o aprendizado organizacional. Rio de Janeiro: Campus, 1992.

ARISTÓTELES. *Ética a Nicômaco.* São Paulo: Martin Claret, 2016.

ASHTON, Kevin. *A história secreta da criatividade.* Rio de Janeiro: Sextante, 2016.

CREMA, Roberto. *Introdução à visão holística.* São Paulo: Summus, 1989.

DAWKINS, Richard. *O gene egoísta.* São Paulo: Companhia das Letras, 2007.

FRITZ, Robert. *The path of least resistance for managers:* designing organizations to succeed. Oakland: Berret-Koehler Publishers, 1999.

GALEANO, Eduardo. *O livro dos abraços.* Porto Alegre: L&PM, 2005.

GALLWEY, W. Timothy. *O jogo interior do tênis.* São Paulo: SportBook, 2019.

GOLDRATT, Eliyahu M. *A escolha.* Barueri: Nobel, 2014.

GOLEMAN, Daniel. *Inteligência emocional.* Rio de Janeiro: Objetiva, 2001.

GREENSPAN, Alan. *O mapa e o território.* São Paulo: Portfolio-Penguin, 2013.

HUNTER, James C. *O monge e o executivo:* uma história sobre a essência da liderança. Rio de Janeiro: Sextante, 2004.

KATES, Amy; GALBRAITH, Jay R. *Designing Your Organization*: Using the Star Model to solve 5 critical design challenges. California: Jossey-Bass, 2007.

KUHN, Thomas S. *A estrutura das revoluções científicas*. São Paulo: Perspectiva, 1995.

MAGRETTA, Joan. *O que é gerenciar e administrar*. Rio de Janeiro: Campus, 2002.

MATOS, Elaine. *De repente*. Disponível em: https://www.pensador.com/frase/MTU5ODM5Ng/. Acesso em: 10 fev. 2023.

NONAKA, Ikujiro; TOYAMA, Ryoko; HIRATA, Toru. *Managing flow*: teoria e casos de empresas baseadas no conhecimento. Porto Alegre: Bookman, 2010.

PHILBIN, TOM. *Maiores invenções da história*. Rio de Janeiro: Bertrand Brasil, 2006.

ROGERS, Carl R. *Tornar-se pessoa*. São Paulo: Martins Fontes, 1987.

SEGALL, Ken. *Incrivelmente simples*: a obsessão que levou a Apple ao sucesso. Rio de Janeiro: Alta Books, 2018.

SÊNECA. *Aprendendo a viver*. Porto Alegre: L&PM, 2007.

SENGE, Peter M. *A quinta disciplina*: arte, teoria e prática da organização de aprendizagem. São Paulo: Best Seller, 1990.

SPRANGER, Eduard. *Formas de vida*. Rio de Janeiro: Zahar, 1976.

TALEB, Nassim Nicholas. *A lógica do Cisne Negro*: o impacto do altamente improvável. Rio de Janeiro: Best Seller, 2008.

TALEB, Nassim Nicholas. *Antifrágil:* coisas que se beneficiam com o caos. Rio de Janeiro: Best Seller, 2014.

VERNE, Júlio. *Viagem à Lua*. São Paulo: Clube do Livro, 1970.

WOLK, Leonardo. *Coaching*: el arte de soplar brasas. Buenos Aires: Gran Aldea Editores, 2003.

Esta obra foi composta em Minion Pro 12,3 pt e impressa em papel
Polen Natural 80 g/m² pela gráfica Meta.